FLORIAN LÄUFER UND CLAUS-PETER JOBSKI

DAS KOCHBUCH FÜR ANGLER
So leicht gelingen leckere Fisch-Rezepte

Copyright © 2013
NORTH GUIDING.COM Verlag GmbH, Hamburg
Alle Rechte vorbehalten

1. Auflage 2014
ISBN 978-3-942366-32-8

Internet: www.North-Guiding.com – E-Mail: feedback@northguiding.com
Facebook: www.facebook.com/Meerforellen

Bildnachweise: S. 7 von Dieter Meyrl, S. 32 von Claus-Peter Jobski, S. 33 von Marc Bade, S. 84/85 von Michael Zeman,
S. 88 von Florian Meyer, S. 150, 153, 154, 159 von Lars Berding, S. 162 von Dr. Horst Karl, S. 166 von Torsten Stegmann,
S. 171 von Christopher Heiland. Alle anderen Fotos stammen von Florian Läufer.
Umschlagfotos: Florian Läufer (angel.fotograf.de), ein Foto von Daniel Luther (rundumfisch.com)

Konzeptionierung, Design & Satz: Coco Zillmann (pixel-pixel.com)
Herstellung: Satz · Zeichen · Buch, Hamburg
Gedruckt in Deutschland

INHALT

VORWORT

Fisch ist lecker! Fisch ist gesund! Was liegt also für uns Angler näher, als den gefangenen Fisch auch selbst zuzubereiten? Ja, wenn doch bloß für viele von uns die Hemmschwelle nicht so groß wäre, den Weg vom Hausgewässer an den Herd zu wagen.

Es gibt Angler, die uns glaubhaft versichern konnten, dass es sich für sie dabei nicht nur um zwei verschiedene Welten, sondern gar um völlig fremde Galaxien handelt. In der einen sind sie selbst der Herrscher, in der anderen führt die Gattin das Regiment. Und so ist es nicht weiter verwunderlich, dass ein ganzer Teil der Angler zwar im Laufe der Evolution die Keule gegen die Angelrute getauscht hat, aber ansonsten weiterhin wie urzeitliche Höhlenmenschen die Beute nach Hause bringt und der Gemahlin unter zweiarmigen Faustgetrommel auf die eigene Brust auf den Küchentisch knallt. „Nahrung! Essen! Mjamm-Mjamm!"

Wir basteln aus bunten Fäden und Federn, Haaren und Haken naturgetreue Fliegen, können 27 unterschiedliche Angelknoten mit verbundenen Augen binden und die Artikelnummern gängiger Kunstködermodelle nachts um drei Uhr fehlerfrei aufsagen. Aber eine Zwiebel in feine Würfel zu schneiden, daran scheitern wir erbarmungslos. Lustlosigkeit, aber vor allem Scheu sind es, die die meisten von uns aus der Küche fernhalten. Gegen Erst-

genanntes sind wir machtlos. Unsicherheit in Sicherheit umzuwandeln, dabei jedoch soll Ihnen dieses Buch helfen. Und weil es schon Tausende, nein, Zehntausende Kochbücher auf dem Markt gibt, mussten wir uns als Autoren etwas einfallen lassen, um Sie für dieses Werk zu begeistern. Zunächst einmal: Bei einem Kochbuch für Angler geht es natürlich um Fisch. Klar. Außerdem wollten wir dem Trend nicht folgen, zwei Buchdeckel um eine mehr oder weniger große Sammlung von Rezepten zu kleben. Die kann man dann zwar alle 1:1 nachahmen, aber Kochen hat man damit noch nicht gelernt. Denn so wie Malen nach Zahlen noch keinen Picasso hervorgebracht hat, wird Kochen streng nach Rezept uns auf Dauer kaum zu einer Küchen-Koryphäe machen. Ferner gehen wir davon aus, dass Ihr Haupthobby weiterhin das Angeln bleiben wird und Sie lieber acht Stunden am Wasser und eine in der Küche stehen möchten – nicht andersherum. Aus diesem Grunde sind alle Rezepte in diesem Buch einfach gehalten, schnell zubereitet und sehr lecker! Komplizierte Soßenansätze, aufwendige Gemüseschnitzereien oder Zutaten aus Spezialgeschäften werden Sie in diesem Buch nicht finden.

Dass wir jetzt den Bogen vom Koch zum Angler schlagen, ist kein Zufall. Bei beidem steht der Einsteiger wie der Ochs vor dem Berg, wenn es ums Equipment geht. Wer zum ersten Mal ein Angelgeschäft betritt, weiß, woher der Begriff „Rutenwald" stammt, wenn er all die langen Stöcke zur Zimmerdecke ragen sieht. Nicht anders geht's dem Kocheinsteiger in der Haushaltswarenabteilung: Welche Geräte benötige ich? Wie viele Töpfe muss ich im Schrank haben? Müssen wirklich 180 Gewürze im Regal stehen? Und wenn ja, wofür? Auch dabei soll Ihnen dieses Buch helfen, damit Sie vor kostspieligen Fehlkäufen geschützt sind. In Sachen Vor- und Zubereitung vermitteln wir Grundlagen und Hintergrundwissen. Beides können Sie später auf alle, alle, alle Menüs, die Sie in Ihrem Leben kochen werden, anwenden.

Machen wir uns nichts vor: Wenn Ihnen ein Sternekoch „St. Petersfisch in würziger Kokosmilch pochiert mit marinierten Karotten-Glasnudeln" zubereitet, mag das auf den ersten Blick hochtrabend klingen. Letztendlich verbirgt sich dahinter jedoch lediglich ein seltener Meeresfisch, der langsam in Flüssigkeit gargezogen und mit einer Mischung aus eingelegten Glasnudeln und Karottenstreifen angerichtet wird. Huch, da wird ja auch nur mit Wasser gekocht! Und das ist vielleicht die wichtigste Erkenntnis: So wie in der Musik nur 12 verschiedene Noten existieren, aus denen sich alle Musikstücke dieser Welt komponieren lassen, gibt es in der Küche nur eine geringe Anzahl unterschiedlicher Garmethoden, die zu den schmackhaftesten Rezepten führen. Ob wir also St. Petersfisch oder Dorsch, Spinat oder Mangold, Salzkartoffel oder Tuscarora-Reis zubereiten, die handwerkli-

chen Grundlagen bleiben ähnlich. Gewiss, die muss man ein bisschen üben und trainieren, danach ist der Weg zu eigenen Kreationen aber nicht nur frei, sondern sogar unendlich. Na, Lust auf's Kochen bekommen? Blättern Sie um....

Die beiden Autoren haben so einiges erlebt in ihrer Kochkarriere - schauen Sie es sich doch einmal an: *www.north-guiding.com/Kochbuch-Geschichten*

KOCHEN - EINE LEIDENSCHAFT

Kochen, was bedeutet das eigentlich? Wenn wir Kochen mit „Lebensmittel essbar machen" definieren, mag das sachlich richtig sein und findet Zustimmung in der breiten Masse. Ganz so einfach ist es aber nicht. Das wäre so, als würden wir das Angeln auf „Fische fangen" reduzieren. Der stimmungsvolle Sonnenuntergang am Abend, die wabernden Nebelschwaden, die sich schwer über den lauschigen Waldsee legen und nicht zuletzt das kühle Bier nach einem langen Angeltag – all das gehört beim Angeln natürlich genauso dazu, wie das Fangen eines Fisches. Ja, selbst das bleibt uns ja leider häufig genug verwehrt. Trotzdem können wir aus jedem erlebnisreichen oder erholsamen Angeltag Kraft schöpfen. Genauso verhält es sich beim Kochen. Lebensmittel essbar machen, ist das alles? Nicht nur die Feingeister unter uns sagen: „Schmecken muss es!"

Und damit geht es los. Geschmäcker sind verschieden, das ist seit Jahrhunderten bekannt. Dem einen ein Schmaus, dem anderen ein Graus. Wem keine Zucchinis schmecken, dem werden wir kaum mit einem gebratenen Fischfilet auf Ratatouille-Gemüse (bei dem die Zucchini klassisch dazugehört) begeistern. Im besten Fall pult unser Gast die grünen Gemüsewürfel raus und legt sie auf den Tellerrand. Wenn es schlechter läuft, bleibt das Essen stehen, während sich die Tischnachbarn noch zehn Minuten später die Finger lecken. Nein, erzwingen können wir nichts in der Küche.

Kochen ist (nicht nur) Handwerk

Man kann einen über den Durst trinken, keine Frage. Aber: Über den Hunger essen geht nicht! Man wird eben nur einmal satt. Und das dann, bitte schön, mit Gaumenschmeichlern, nicht mit irgendwie gegarten Zutaten. Weil wir gerade gesagt haben, dass es uns beim Kochen (und Essen) nicht ums reine Füllen des Magens geht, kommen wir an einem also nicht vorbei: Genuss! Frische Lebensmittel auf den Punkt gegart, schonend zubereitet, pfiffig miteinander kombiniert und appetitlich angerichtet, regen gleich mehrere Sinne in uns an. Unterm Strich ist Kochen somit nicht nur Handwerk, Kochen ist vor allem auch Liebe, Leidenschaft und Lust. Die einzige Regel: Es gibt keine Regeln! Es muss schmecken und nicht nur einfach satt machen.

In diesem Zusammenhang sind Rezepte auch immer so eine Sache. Für viele klingt das Wort „Rezept" nach Regel und Gesetz, während es für kreative Menschen/Köche eher nach Ideengeber, als eine von vielen Möglichkeiten klingt. Es ist ja auch wirklich schwierig, wenn da steht: „...und nun den Saft einer halben Zitrone zugeben." Es gibt Zitronen, die sind so groß wie eine Kinderfaust, andere erinnern schon fast an eine Pampelmuse. Einige sind ausgesprochen sauer andere fast süß, viele sind saftig, manche muss man erst kraftvoll malträtieren, um ein paar Tropfen Saft herauszupressen. Wie viel also ist der Saft einer halben Zitrone? Ein paar Spritzer oder eher drei Esslöffel voll? Schwierig. Vielleicht hilft ja der Griff zur Limette, die vom letzten Caipirinha übrig geblieben ist und eine viel elegantere Säure in sich trägt? Damit wäre dann auch der erste Schritt in Richtung Kreativität getan. Sie sehen schon: Kochen ist kein Hexenwerk, lebt aber häufig von Kleinigkeiten.

LANGEWEILE? NICHT IN DER KÜCHE!

Der Dorsch in Senfsoße darf also gerne zum Seelachs in Senfsoße umgewandelt werden, wenn die bei der letzten Norwegen-Tour eben besser gebissen haben. Und wenn wir schon bei den Klassikern sind: „Scholle Finkenwerder Art" ist nicht in Stein gemeißelt. Flunder, Kliesche und Rotzunge lassen sich selbstverständlich auf die gleiche Weise zubereiten. Wem der Speck zu fettig ist, der tauscht ihn einfach gegen Krabben aus und erhält die „Scholle Büsumer Art", wenn er denn die teuren Krab-

ben von der berühmten Nordseeinsel verwendet. Beides nicht Ihres? Na, dann erfinden Sie doch die „Scholle à la Wochenmarkt" und geben ein in Butter geschwenktes Lebensmittel Ihrer Wahl über den gebratenen Fisch.

Reden wir nicht länger um den heißen Brei herum. Kreativ sind Sie selbst, das kann Ihnen kein Buch, keine Ausbildung und kein Workshop beibringen – die handwerklichen Grundlagen schon. Deshalb hat es jeder von uns schon oft genug selbst erlebt, dass gelernte Köche den größten Murks zusammenrühren (und wir das im Restaurant auch noch teuer bezahlen mussten), während man einem ambitionierten Hobbykoch aus dem Freundeskreis am liebsten aus dem Stand einen Michelin-Stern verliehen hätte.

Sie werden hier reichlich Tipps und Tricks finden, die das Arbeiten in der Küche einfacher und schneller machen und Ihren Gerichten zum letzten Pfiff verhelfen. Man kann es gar nicht oft genug erwähnen und sie werden in diesem Buch an vielen Stellen gebetsmühlenartig immer wieder daran erinnert: Probieren und studieren Sie, wie Sie kombinieren und vielleicht sogar Neues erfinden können. Wir alle wissen: Es ist noch kein Meister vom Himmel gefallen, Übung dagegen hat schon viele hervorgebracht! Verzeihen Sie, wenn die letzten Zeilen fast schon philosophisch anmuteten, aber ist Kochen nicht auch genau das: Philosophie?

DIE HARDWARE

Über die Software in der Küche haben wir eben gesprochen. Unser Betriebssystem heißt: Kreativität! Einige Programme, wie zum Beispiel Lebensmittelkunde (ein fürchterliches Wort, oder?), müssen wir zusätzlich installieren – dazu kommen wir aber später. In diesem Teil des Buches kümmern wir uns um die Hardware: Einen Herd – ganz gleich ob Gas, der gute alte elektrische, mit Ceranfeld oder gleich mit Induktion – müssen wir haben, das ist klar. Woher die Hitze kommt, ist uns an dieser Stelle aber erst einmal egal. Wichtig ist, dass sie kommt. Kümmern wir uns um unser Arbeitswerkzeug: „Pütt un Pann" sagen wir Norddeutschen. Gemeint sind aber nicht nur Töpfe und Pfannen. Auch Messer und weitere Hilfsmittel sind nötig, um aus einem Korb voller Lebensmittel (und einem Kescher voller Fisch) ein leckeres Mahl zu zaubern. Viele Einsteiger fühlen sich vom Angebot der vielen Kochutensilien abgeschreckt und verschieben das erste selbst gekochte Menü aufs nächste Mal. Wenn es für die Zubereitung der übernächsten Meerforelle dann immer noch eine Ausrede gibt, wissen wir: Entweder will sich da jemand drücken oder das Equipment taugt nichts. Oder beides. Gegen Drückeberger kommen wir nicht an, die richtige Ausrüstung können wir kaufen. Und: Der Edelstahl- und Porzellan-Dschungel scheint nur auf den ersten Blick undurchdringlich. Kochen ist keine Magie und wenn wir Ihnen sagen, dass Sie in den meisten Fällen mit einem guten Dutzend Gerätschaften auskommen, wird aus dem Urwald schnell ein übersichtlicher Garten. Fünf Töpfe, zwei Pfannen, vier Messer und ein Schneidebrett, mehr brauchen Sie für den Anfang nicht, wenn wir uns darauf einigen, dass Sie keine Bankets mit über 20 Personen ausrichten möchten. Welche Gerätschaften das sind, lesen Sie auf den kommenden Seiten. Übrigens: Alle Rezepte dieses Buches lassen sich mit der vorgestellten Ausstattung nachkochen (und erweitern), sieht man von einigen preiswerten Hilfsmitteln wie Schneebesen, Topfschaber & Co ab.

TÖPFE – AUF JEDEN GEHÖRT EIN DECKEL

„Preiswert" – gute Überleitung. Ja, Sie können viele Hundert Euro für ein erstklassiges Topfset ausgeben. Wir zwei Autoren dieses Buches sind einen anderen Weg gegangen: den zum Discounter. Ob Deutschlands größter Kaffeeröster oder die großen Lebensmittelausstatter mit vier Buchstaben – regelmäßig finden Sie dort Edelstahl-Topfsets in erstaunlicher Qualität. Der ganz große Topf mit über zehn Liter Volumen ist meistens nicht dabei, den müssen Sie gesondert kaufen (das ist der, mit dem Sie Fonds ansetzen oder Suppen und Eintöpfe kochen). Aber für überschaubare Mengen Soße, Kartoffeln oder Gemüse eignet sich so ein Topfset hervorragend.

Über Sandwichböden sollten die „Pötte" allerdings verfügen, denn die sparen Energie, leiten die Hitze optimal

weiter und die Gefahr, dass sich über kurz oder lang der Topfboden verformt, ist gebannt. Apropos: Wenn Sie solch einen Topf, der auf der Herdplatte kippelt und wackelt – sei es noch so gering – im Schrank stehen haben, werfen Sie ihn weg! Wasser kriegen Sie damit noch zum Kochen, für alles andere ist die daraus resultierende ungleichmäßige Wärmeverteilung nachteilig. Oder sind Ihnen die gebundenen Soßen in diesem „Wackeltopf" nicht ewig angebrannt? Ansonsten gilt beim Topfkauf: lieber etwas zu groß, als zu klein. Schließlich sollen unsere Gäste auch satt werden und für zwei Tage vorkochen ist ja kein Relikt aus Großmutters Zeiten. Wenn Sie jetzt immer noch kein Vertrauen zu Töpfen vom Discounter haben, dann lassen Sie sich versichern: Während der letzten 15 Jahre, die wir mit diesen Töpfen kochen, ging bei uns beiden Autoren das eine oder andere gelegentlich schief in der Küche, das müssen wir zugeben. Irgendwann fällt halt mal zu viel Salz in den Topf oder das Gemüse wird im Kochwasser vergessen. In den allermeisten Fällen sind wir von unseren Gästen für unsere Gerichte und Menüs jedoch mit Anerkennung und Lob bedacht worden. „Ideenreichtum", „Gefühl für Lebensmittel" oder einfach „oberlecker" sind Worte, die in diesem Zusammenhang fielen. Niemals, wirklich nie, hat allerdings jemand gesagt: „Das Essen war ganz toll, du musst richtig gute Töpfe im Schrank haben!".

KNIFF MIT PFIFF: Mit Rotwein abgelöscht – so werden die geschmacksgebenden Röststoffe vom Pfannenboden gelöst."

PFANNEN – UNSERE BRATGERÄTE

Bleiben wir beim Discounter: Die zwei Pfannen, die Sie brauchen, können Sie hier nämlich gleich gemeinsam mit dem Topfset kaufen. Sandwichboden, mindestens 28 Zentimeter Durchmesser, eine aus Edelstahl, eine mit Beschichtung – das beschreibt kurz und knackig, was Sie brauchen. Da Pfannen bei uns „ordentlich Feuer" bekommen, wir also mit deutlich größerer Hitze arbeiten, als bei der Zubereitung in Kochtöpfen, müssen sie über bessere Nehmerqualitäten verfügen. Hier kommt das Thema Nachhaltigkeit ins Spiel: Die meisten Pfannen, die zu zu überschaubaren Preisen erhältlich sind, verrichten einige Jahre klaglos ihren Dienst, sind aber irgendwann „durch". Häufig ist aber gar nicht die Hitze schuld, mit der wir unsere Schätze malträtieren, sondern die Spülmaschine – und wenn beim Kauf hundertmal auf der Verpackung steht: „spülmaschinenfest"! Jeder Waschgang ist eine echte Chemikalien-Attacke. Wer seine Pfannen nach Gebrauch auf althergebrachte Art mit Schwamm und Spülmittel reinigt, verlängert die Lebensdauer enorm. Beschichtete Pfannen sollten für schonendes Braten mit geringer Hitze eingesetzt werden und werden optimalerweise nach Gebrauch einfach nur mit Küchenkrepp ausgewischt. Unhygienisch? Bestimmt nicht, die Beschichtung lässt Keimen keine Chance. Und noch ein Hinweis: Eigentlich versteht es sich von selbst, da es aber immer wieder anders zu beobachten ist, kommt hier der erhobene Zeigefinger: Metallische

Schrubber wie Stahlwolle oder ähnliches sind beim Abwasch genauso ein „No-Go", wie das Herumkratzen in Pfannen (und Töpfen) mit Gabeln oder Messern. Wenn Sie unmittelbar nach dem Gebrauch Wasser in die Pfanne laufen lassen, mag das laut zischen. Dies ist aber das Geräusch, mit dem die gröbsten Bratrückstände vom Pfannenboden gelöst werden. Die können a) als wichtiger Geschmacksgeber für Soßen dienen aber auch b) weggeschüttet werden, wenn wir sie nicht benötigen. Wenn Sie die Pfanne ein halbes Stündchen mit etwas Spülmittel einweichen, benötigen Sie in den meisten Fällen schon gar keine groben Reinigungshilfen mehr. Ein echter Traum sind massive, gusseiserne Pfannen, die Sie später Ihren Kindern vererben können. Diese hochwertigen Pfannen haben natürlich ihren Preis, aber irgendwann möchte man ja vielleicht mal Geld in etwas Bleibendes investieren.

Weiter oben haben wir zwar nur von zwei Pfannen gesprochen, manchmal ist aber ein zusätzliches kleines Pfännchen hilfreich. Brotcroûtons für die Suppe rösten, eine kleine Garnitur zur Fischplatte schwenken oder mal ein schnelles Spiegelei braten – dafür möchte man nicht immer die große Pfanne bemühen. Wenn beim nächsten Einkauf ein Zehner übrig ist, investieren Sie ihn ruhig in eine kleine „Joker-Pfanne", mehr kostet die nämlich nicht.

MESSER – HEILIGTÜMER ALLER KÖCHE

DAS Kochmesser gibt es nicht. Zum einen brauchen wir, je nach Schneidegut, unterschiedliche Ausführungen, zum anderen liegt jedem ein anderes Modell gut in der Hand. Messer sind unser wichtigstes Werkzeug und so wie jeder Angler auf eine bestimmte Rute, Rolle oder Schnur Wert legt, gibt es auch keinen Universalhersteller für Messer. Der eine mag japanische Kochmesser, der andere stylische Design-Messer und viele kommen von ihren Messern mit klassischem Holzgriff nicht weg – eine Glaubensfrage. Wir kommen nicht umhin: Den Weg zum Fachgeschäft kann uns niemand abnehmen. Testen, greifen, (er)tasten Sie, welche Griffform Ihnen am besten in der Hand liegt. Wer hier spart, übt Verzicht an falscher Stelle. Guter Stahl hat seinen Preis. Im Ein-Euro-Shop werden Sie kaum fündig. Kochmesser sind oft eine Anschaffung fürs Leben und es gibt viele gelernte Köche, die mit ihren kostbarsten Messern ihr gesamtes Berufsleben arbeiten. Und das bei minimaler Pflege. Vorne weg: Hochwertige Messer haben, wie unsere Pfannen, nichts in der Spülmaschine verloren! Sonst wird aus der glatten Schneide schnell eine Art Sägemesser. Schneller kann man den Schliff gar nicht ruinieren. Mit einem Scheuerschwamm bekommen Sie jedes Messer sauber. Der einzige Grund, warum die treuen Begleiter doch immer mal wieder in der Spülmaschine landen, ist also Unwissenheit oder Bequemlichkeit. In beiden Fällen kann der Gang zum „Messerdoktor" helfen. Mit neuem Schliff versehen, können Sie dann wieder loslegen. Nur: Das wird auf Dauer teuer und tut nicht Not! Wer ein Messer im Gebrauch hat, muss einen Abziehstahl benutzen - und das nicht nur zweimal im Jahr, sondern täglich! Haben Sie schon einmal einen Schlachter bei der Arbeit beobachtet? Rechts an der Stichschürze trägt er das Ausbeinmesser, links den Abziehstahl. Spätestens jedes dritte Mal wenn er mit der rechten Hand zum Messer greift, hält die Linke den Schärfer bereit. Dann „schnie, schnaa, schnipp" flugs ein paar Mal die Schneide über den Stahl gezogen, geht die Arbeit weiter. Das gucken wir uns doch ab! Machen wir das in der Küche ebenfalls, müssen wir nie, nie, nie wieder unsere Messer zum Schleifer bringen. So macht Geld sparen Spaß! Weiterer Vorteil: Mit scharfen Messern müssen wir deutlich weniger Kraft beim Schneiden aufwenden. Darüber freuen wir uns spätestens dann, wenn sich die Liebste mal wieder die Minestrone mit den niedlichen Gemüsewürfeln wünscht, die in mühevoller Kleinarbeit erarbeitet, Entschuldigung: erschnippelt, werden wollen. Und wer auf dem Schneidebrett mehr drückt und quält als flink zerkleinert, erhöht zusätzlich das Verletzungsrisiko durch die hohe und unkontrollierte Kraftaufwendung. Stumpfe Messer kann man übrigens sogar hören! Was sich bei der Arbeit mit einem scharfen Messer nach einem leise zischenden „Ffft, Ffft, Ffft..." anhört, klingt beim stumpfen Kontrahenten nach: „Tonk! Tonk! Tonk!"

KNIFF MIT PFIFF: „Klack, klack, klack, klack...." wie eine Nähmaschine rattert das Messer übers Brett und schneidet die Gurke innerhalb von Sekunden in dünne Scheiben. Zwischendurch wandert Florians Blick immer wieder durch die Küche, während die rechte Hand mit der Gleichmäßigkeit eines Metronoms die Klinge auf und ab bewegt und unter der Linken die Gurkenscheiben aufs Brett kippen. Schneiden ohne hingucken und das nicht nur in atemberaubenden Tempo, zusätzlich auch ohne Schnittverletzung! Wie geht das? Die Erklärung ist einfach: Florian greift das Gemüse nicht mit den Fingerspitzen, sondern formt die Greifhand zu einer Art „Kralle", so dass die vordersten Fingerglieder eine Fläche bilden. An der führt Florian die Klinge hoch und runter, ohne den Kontakt zu verlieren. So „fühlt" er seinen Schnitt, muss dabei nicht einmal auf das Schneidebrett blicken und die Fingerkuppen können nicht versehentlich „unters Messer" kommen. Diese professionelle Methode ist also – nach einigen Jahren Übung – nicht nur extrem schnell, sie verhindert auch Verletzungen. Safety first!

VIER MESSER FÜR DEN EINSTIEG

Officemesser/Gemüsemesser

Sägemesser

Kochmesser/Chefmesser

Filetiermesser

Officemesser/Gemüsemesser: Mit einer Klingenlänge von acht bis zehn und einer Höhe von rund zwei Zentimetern, eignet sich dieses spitze Schneidewerkzeug zum Garnieren, Schnippeln, Schneiden und in Form bringen (nicht nur) von Gemüse.

Kochmesser/Chefmesser: Das teuerste unseres Messerquartetts: Die spitz zulaufende, glatte und kräftige Klinge kann bis über 20 Zentimeter lang und rund vier Zentimeter hoch sein. Ein halbes Pfund wiegt so ein massives Allround-Arbeitswerkzeug. Kräuter hacken, Gemüse schneiden, Zwiebeln würfeln, Fleisch und Fisch portionieren, kurz: (fast) alles lässt sich mit diesem Messer bewerkstelligen. Besonderer Clou: Das Griffstück ist so konstruiert, dass die umgreifenden Finger nicht die Arbeitsfläche berühren, wenn die Klinge das Schneidegut zerkleinert.

Sägemesser: Viele Köche ziehen die Augenbrauen hoch, wenn Sie das Wort „Brotmesser" in Verbindung mit anderen Lebensmitteln als Brot hören. Die Sägeklinge würde die Lebensmittel mehr reißen als schneiden. Aber: Erlaubt ist, was gefällt – das ist schließlich bekannt. Was uns die Arbeit erleichtert, verbessert und keine nachteiligen Auswirkungen auf den Geschmack hat, ebenfalls. Auf's Sägemesser trifft das zu. Während Claus besser mit dem Chefmesser klarkommt, mag Florian das Sägemesser mit flexibler Klinge lieber und filetiert sogar seine Fische damit. Geschmäcker sind unterschiedlich – auch bei Küchenmessern.

Filetiermesser: Wichtigstes Kriterium ist seine elastische Klinge, mit der wir saubere Schnitte ausführen können. 15 bis 20 Zentimeter Länge und bis drei Zentimeter Höhe, das sind die Maße der spitz zulaufenden Klinge unseres Filetiermessers. Manche Ausführungen sind zusätzlich mit Teflon beschichtet, damit nichts am Messer hängen bleibt und es noch besser am Fischfleisch entlang gleitet.

KNIFF MIT PFIFF: Ärgerlich, wenn das Schneidebrett bei jedem Schnitt ein Stückchen weiter Richtung Wand rutscht, hin und her kippelt und wackelt oder anderweitig ein Eigenleben entwickelt. Abhilfe schafft ein feuchtes Tuch zwischen Arbeitsplatte und Brett – jetzt rutscht garantiert nichts mehr!

SCHNEIDEBRETT – EINE FRAGE DES MATERIALS

Holz oder Kunststoff? Eine Glaubensfrage, auf die es keine einfache Antwort gibt. In der Gastronomie sind Kunststoffbretter zwar vorgeschrieben, sind sie deshalb aber besser? Und welches der beiden Materialien hygienischer ist, darüber ließe sich streiten. Minimalsten „Abrieb" und feine Riefen haben im Laufe der Zeit beide Varianten. Zwar werden heutzutage auch antibakterielle Kunststoffbretter im Handel angeboten, bei Holz dagegen soll die Gerbsäure ganz gut mit Bakterien klarkommen. Abgeschliffen werden können beide Varianten. Das klingt nach einem klassischen Unentschieden. Alternativ können wir natürlich Glasbretter verwenden, die ruinieren auf mittlere Sicht aber unsere Messer. Dafür ist Glas hygienischer und kommt im Gegensatz zu Holz und Kunststoff gut mit der Spülmaschine zurecht. Ein eindeutiges Fazit ist schwer zu ziehen, hier kann nur jeder selbst seine Entscheidung treffen. Unstrittig ist: Schneidebretter sind fast immer zu klein! Machen Sie einen Bogen um die kleinen „Micky Maus-Brettchen", die kaum größer als eine Fernsehzeitung sind. Platz auf dem Schneidebrett ist Luxus und den gönnen wir uns!

Zurück zum Material: Wenn Sie sich gegen Glas entscheiden, bedenken Sie bitte bei der Reinigung der Bretter, dass sie mit Hitze viel kaputtmachen können. Nur ein Grund, warum Holz- und Kunststoffbretter nichts in der Spülmaschine verloren haben, denn durch das hei-ße Spülwasser verziehen sich die Bretter im Laufe der Zeit. Dadurch liegt das Brett nicht mehr glatt auf unserer Arbeitsfläche und kippelt hin und her. Da wird das Schneiden zur wackeligen Angelegenheit – und die Verletzungsgefahr steigt. Und noch eine Schikane ist (insbesondere bei der Verarbeitung von Fisch und Fleisch) eingebaut: Eiweiß, das beim Schneiden ausgetreten und in die feinen Riefen des Brettes gelangt ist, beginnt nicht nur beim Garprozess ab etwa 62° Celsius zu stocken. Zu heißes Spülen lässt den Stockungsprozess (Denaturierung) ebenfalls beginnen. Ist das erst geschehen, haben wir ordentlich was zu schrubben. Problem erkannt, Problem gebannt! Deshalb waschen wir unser Schneidebrett zuerst gründlich mit warmem und erst dann mit heißem Wasser.

KLEINKRAM MIT GROSSER WIRKUNG

Jetzt sind wir an dem Punkt angelangt, wo wir ein Stückchen zurückrudern müssen. Am Anfang des Kapitels sagten wir, dass Sie mit einem Dutzend Kochutensilien auskommen und den größten Teil aller Gerichte damit zubereiten können. Verzeihen Sie, liebe Leserinnen und Leser: Damit haben wir wissentlich geflunkert! Das diente aber ausdrücklich nur der Motivation – Ehrenwort! Selbstverständlich sind es mehr als nur 12 Gerätschaften, die Sie benötigen. Aber: Alle weiteren Hilfsmittel stellen – einzeln betrachtet – keine große Investition mehr da. Wie beim Angeln: Rute, Rolle, Kescher und Schnur – das ist es, was wir brauchen. Dass Haken, Wirbel und Blinker ebenso vorhanden sein müssen, liegt auf der Hand. Und so müssen wir uns in der Küche eben auch über Messbecher, Schüsseln, Schalen und Schneebesen unterhalten. Vieles ist ja selbst bei absoluten Kochverweigerern und der chaotischsten Studentenbude vorhanden – und wenn es sich nur um ein Verlegenheitsgeschenk von Oma gehandelt hat.

Los geht's, bringen wir ein bisschen Ordnung in die Küchenschränke. Die folgenden Dinge sind mehr als „nice to have" und gehören zum Standardequipment: Weil wir eben noch über Messer und Schneidebrett philosophiert haben, werfen wir zunächst einen Blick in die Messerschublade, die mit vier Messern noch etwas verwaist ist. Zwar können wir mit dem Gemüsemesser Gurken,

Kartoffeln und andere Lebensmittel schälen, das kostet aber Zeit und ist immer auch mit großen Schälverlusten verbunden. Schneller, einfacher und sparsamer geht's mit dem Sparschäler, den Sie für wenig (Klein)Geld kaufen können. Extra-Tipp: Nehmen Sie bitte ein Modell in klassischer Ausführung mit Schälvorrichtung aus Edelstahl. All die ergonomisch geformten Schäler mit den quietschbunten Kunststoffgriffen sehen zwar stylisch aus, aber richtig flink arbeiten lässt sich damit nicht. Und: Sparschäler haben ihren Namen bekommen, weil sie schälen und nicht schaben oder kratzen! Vergessen Sie also Modelle, mit denen Sie die Schale eines Gemüses eher abschaben, als abschälen. Ein Sparschäler muss eine Klinge besitzen. Basta!

KNIFF MIT PFIFF: Gelegentlich ist die Klinge von Sparschälern schlecht ausgerichtet und schält nur dünnste Schichten ab. Die Folge: Wir müssen über jede Fläche mehrmals hinweg schälen, um die Schale zu entfernen – mühsam! In so einem Fall lässt sich mithilfe eines zweiten Messers die Klinge des Schälers ein kleines Stückchen aufbiegen und wir können wieder flott und in ausreichender Dicke die Schale entfernen. Pimp your Sparschäler!

Ein kleines Gemüsemesser mit gebogener, kurzer Klinge kostet weniger als zwei Euro und ist in vielen Situationen hilfreich, insbesondere beim in Form bringen von Gemüse. Und weil wir ja nicht mit Messer oder Gabel in den teuren Bratpfannen rumstochern wollen, gehört eine Winkelpalette (auch: **Pfannenwender**) ebenfalls in die Schublade. Hier gilt: lieber etwas größer als zu klein. Und: Edelstahl ist langlebiger als Kunststoff und verträgt selbst größte Hitze, ohne zu schmelzen. Zwei bis drei **Schneebesen** sind Pflicht. Beim Kauf unbedingt darauf achten, dass es sich nicht um „Wabbelbesen" sondern um kräftige, im Handgriff starre Rührbesen handelt. Die leichten Ausführungen aus Draht sind zwar ausreichend (und hilfreich) für kleine Portionen Soße, wenn Sie aber die Crèmesuppe für zwölf Personen damit umrühren wollen, wird es mühsam. Und damit wir möglichst wenig verschwenderisch mit unseren kostbaren Suppen, Soßen, Crèmes und Dips umgehen, gehört ein **Silikon-Topfschaber** ebenfalls in die Küchenschublade. Wobei das Wort „Schaber" verwirrend ist. Mit diesem tollen Hilfsmittel wird nämlich nicht geschabt oder gekratzt, sondern geschmeidig (und geräuschlos) ausgeleert. So, als hätten wir die Schüssel ausgeleckt.

KÜCHENMASCHINEN – PRAKTISCHE HELFER

Da sich nun die Messerschublade etwas gefüllt hat, werfen wir doch gleich noch einen Blick in die Küchenschränke. Dass sich darin ausreichend Teller, Bestecke, Schüsseln und verschließbare Dosen befinden sollen, ist klar. Ein weiteres tolles Hilfsmittel ist ein Küchenhobel mit verschiedenen Aufsätzen. Damit lassen sich viele Arten von Gemüse und einige Früchte schnell und gleichmäßig in Scheiben und Stifte mit unterschiedlichen Durchmessern schneiden. Vielen Profiköchen kommt so ein Ding nicht ins Haus, denn die wollen ihr Gemüse lieber „ehrlich" von Hand schneiden. Wenn Sie uns fragen: Das ist zu akzeptieren, schließlich bereiten wir schon längst das Dessert vor, während die Jungs immer noch den Sellerie „ehrlich" kleinschnippeln. Fassen wir zusammen: Ein scharfer Gemüsehobel ist der perfekte Zeitsparer! Nur den Fingerschutz, den sollten sie immer – und damit meinen wir IMMER – verwenden. Sonst - „Autsch!" - blicken die Profiköche doch irgendwann mit einem wissenden Siegerlächeln auf uns herab. Weiterer Luxus ist ein elektrischer Handmixer. Aber was heißt schon Luxus? Zum schnellen Durchrühren von Soßen und Dips müssen wir das Ding sicherlich nicht aus dem Küchenschrank holen. Spätestens beim Steifschlagen von Eiweiß oder Sahne, lernen wir einen Handmixer zu schätzen. Gewiss, das funktioniert auch mit dem guten alten Schneebesen, aber das dauert sooo lange! Gleiches gilt für Stabmixer, die nicht nur zum Pürieren flinke Helfer sind. Das Aufmixen von Soßen und Dressings, kurz vor dem Servieren, gibt unseren Gerichten häufig den letzten Schliff, und wir können das Fischfilet mit einer voluminösen, samtartigen Fischsoße überziehen, die ansonsten eher von langweiligem Gefüge geblieben wäre.

Ein elektrischer Zerkleinerer ist ebenfalls ein tolles Maschinchen, wenn es um die Herstellung von Fisch- und Fleischfarcen geht oder wenn wir andere Lebensmittel wie Nüsse auf die Schnelle zerkleinern wollen. Köche sprechen einheitlich von einer „Moulinex" oder „Moulinette", meinen aber einen Zerkleinerer mit zwei, drei oder vier Messern. Ein gutes Beispiel übrigens, für einen Hersteller, der es mit seinem Namen geschafft hat, im allgemeinen Sprachgebrauch stellvertretend für ein Gerät zu stehen. Coca-Cola lässt grüßen – oder haben Sie schonmal ein koffeinhaltiges Kaltgetränk mit Kohlensäure bestellt? Abschließend noch ein letzter Tipp: Im Handel werden Küchenmaschinen angeboten, die alles in einem sind: Mixer, Rührer, Zerkleinerer, Saftpresse,... Praktisch auf den ersten Blick, aber häufig schwer zu reinigen. Und bis wir das gute Stück endlich ohne Bedienungsanleitung für den entsprechenden Einsatz zusammengebaut haben, dürfen wir froh sein, wenn wir dabei keinen mittleren Nervenzusammenbruch erleiden mussten. Die besten Küchenmaschinen sind noch die, die am einfachsten zu bedienen sind.

FISCH – SO GESUND WIE MEDIZIN

Wichtigstes Lebensmittel für kochende, bratende und räuchernde Angler: der Fisch! Für den Fang hat jeder seine eigenen geheimen Köder, Montagen und speziellen Angelplätze. Darüber müssen wir Ihnen nichts erzählen. Dass sich Fisch auf Tausend und eine Art zubereiten lässt, macht ihn zusätzlich zu einem ganz besonderen Lebensmittel. Aber es geht noch weiter. Neben dem wertvollen Erholungswert beim Angeln und den Gaumenfreuden beim Verzehr haben unsere schuppigen Freunde einen ausgesprochen hohen ernährungsphysiologischen Wert. Was hier so hochtrabend klingt, bedeutet nichts anderes für uns als: Fisch ist richtig gesund!

Als wichtiger Lieferant für leicht verdauliches Eiweiß sind es vor allem ungesättigte Fettsäuren, besonders die wichtigen Omega-3-Fettsäuren und die Vitamine B12 und D, die im Fisch in nennenswerten Mengen vorhanden sind. Auch Spurenelemente wie Zink, Kalium, Fluor und Jod finden sich in jeder guten Portion Fisch. Ganz besonders Meeresfische gelten als hervorragende natürliche Jodquelle, so dass regelmäßiger Verzehr ein wichtiger Beitrag zur Versorgung mit diesem lebensnotwenaBlutdruck, Schilddrüse, Nervensystem und einiges mehr – was viele von uns krank macht, wird schon durch zwei Portionen Fisch pro Woche positiv beeinflusst.

Fischart	Fett	Eiweiß	Fleischanteil
Aal	24 %	15 %	65 %
Barsch	1 %	21 %	35 %
Blauleng	1 %	19 %	60 %
Felchen	6 %	16 %	60 %
Forelle	2-6 %	19 %	65 %
Hecht	1 %	21 %	55 %
Heilbutt	6 %	25 %	45 %
Hering	2-20 %	18 %	65 %
Kabeljau (Dorsch)	1 %	18 %	60 %
Karpfen	5-8 %	17 %	50 %
(Wild-) Lachs	11 %	18 %	65 %
(Zucht-) Lachs	20 %	18 %	65 %
Makrele	3-30 %	19 %	65 %
Meeräsche	5 %	20 %	45 %
Rotbarsch	3 %	17 %	33 %
Saibling	8 %	19 %	60 %
Schellfisch	1 %	15 %	60 %
Scholle	1 %	15 %	35 %
Seelachs	1 %	17 %	60 %
Seeteufel	1 %	16 %	25 %
Seezunge	1 %	17 %	35 %
Steinbeißer	2 %	17 %	45 %
Steinbutt	2 %	17 %	30 %
Wolfsbarsch	1 %	18 %	35 %
Zander	1 %	17 %	40 %

DIE VORBEREITUNG BEGINNT AM WASSER

Wer jetzt noch nach einer Ausrede gegen die Fischküche sucht, wird es schwer haben. Trotzdem hat die Sache einen Haken: So vielfältig sich Fisch zubereiten lässt, so empfindlich und sensibel ist er als Lebensmittel. Nicht umsonst bilden die Wörter „Fisch" und „frisch" in der Küche eine untrennbare Liaison. Bereits wenige Stunden nach dem Tod beginnt von der Haut aus die Ausbreitung der Mikroflora, die gemeinsam mit den im Darm enthaltenen Bakterien ursächlich für raschen Verderb sind. Ungekühlt kann unser mühsam erbeutetes Abendessen also in kürzester Zeit verdorben sein. Um den Qualitätsverlust von der ersten Minute an so gering wie möglich zu halten, geht das Frischhalten direkt nach dem Fang los. Als Angler wissen wir natürlich wie das geht. Waidgerechtes Betäuben? Haben wir in der Sportfischerprüfung gelernt. Töten und ausbluten lassen? Geschenkt. Ausnehmen? Alter Hut! Hier sind wir Angler mit unserem selbst erbeuteten, gegenüber kommerziell gefangenem Fisch übrigens deutlich im Vorteil. Dass wir unseren Fisch vor dem (raschen) Töten betäuben, macht uns schon zu moralischen Siegern. Das Ausbluten lassen sorgt dann aber tatsächlich für bessere Fleischqualität – die Filets bleiben schneeweiß. Und durch direktes Ausnehmen nach dem Fang können keine Keime aus den inneren Organen das kostbare Fleisch erreichen. Beides findet beim kommerziellen Fischfang kaum statt. Wenn wir jetzt sogar vorsorglich eine Kühlbox mit ans Wasser genommen haben und damit den Fisch mit möglichst geringer Temperatur nach Hause bringen, haben wir eine Eins mit Sternchen verdient – alles richtig gemacht! Statt Kühlbox tut es auch ein feuchtes Leinentuch oder kühlende Blätter, in denen wir den Fisch einwickeln und an einem schattigen Ort lagern, bis wir den Heimweg antreten.

FRISCHE FISCHE GIBT'S BEI FISCHER FRITZ – WIRKLICH?

Bisher haben wir ausschließlich vom Idealfall als Koch und Angler gesprochen – wir fangen einen Fisch und wollen ihn zubereiten. Aber unter uns: Häufig genug fangen wir leider keinen Fisch, wollen ihn aber trotzdem zubereiten. Der Gang zum Fischhändler bleibt uns also nicht immer erspart. Womit wir das Klischee des erfolglosen Anglers erfüllt hätten, der mit hängenden Schultern und beschämten Blick vor der Auslage steht. Dass wir Angler sind, müssen wir der Tresenkraft ja nicht gleich auf die Nase binden. Dass wir Ahnung von den Flossenträgern haben, wird sie schnell merken. Die drei wichtigsten Dinge zum Lebensmittel Fisch haben wir eben genannt: Frische, Frische, Frische! Und weil in der schön ausgeleuchteten Theke kein Fangdatum auf der sorgsam präsentierten Ware steht, ist Fischkauf immer Vertrauenssache. Die einen vertrauen dem Fischhändler, wir sollten lieber unserem eigenen Urteilsvermögen vertrauen. Denn: Frischen Fisch erkennen wir selbst, da kann uns keiner etwas vormachen. Wer nichts zu verbergen hat, wird uns seine Ware ganz sicher für eine kurze Begutachtung über den Tresen reichen.

So erkennt man frischen Fisch

Geruch: Frischer Fisch ist nahezu geruchlos. Seefisch neigt schneller zu Geruch, sollte aber eher nach Seetang riechen. Die beste Wahrnehmung wird erreicht, wenn Sie an Haut, Kiemen oder Bauchhöhle riechen.

Augen: Die Augen sollten prall, klar und mit schwarzer glänzender Pupille sein. Trübe, verschleierte Augen sprechen nicht für frischen Fisch.

Haut: Die Haut von frischem Fisch ist mit klarem(!) Schleim bedeckt und von natürlich glänzender Farbe. Verfärbungen sollten nicht erkennbar sein.

Kiemen: Am leichtesten ist frischer Fisch an der hellroten, leuchtenden Farbe seiner Kiemen erkennbar. Finger weg von Fischen mit verklebten, verschleimten, grauen oder braunen Kiemen!

Fleisch: Werden Fische ohne Kopf angeboten, können wir anhand einer kurzen Druckprobe gut die Qualität erkennen. Frisches Fischfleisch ist elastisch. Drücken Sie mit einem Finger etwa einen halben Zentimeter tief ein, bildet sich bei frischem Fisch die kleine entstandene Mulde schnell wieder zurück. Bleibt sie bestehen, sollten Sie sich für anderen Fisch entscheiden.

MIT WISSEN ZUM LECKERBISSEN:
Verwenden Sie keinesfalls nur eines der genannten Kriterien, um die Frische zu beurteilen. Frischer Fisch ist niemals schmierig oder matt und gibt keine unangenehmen Gerüche ab, die an Verderb erinnern.

LAGERUNG – KEEP COOL!

Der Qualitätsverlust beginnt beim Fisch unmittelbar nachdem wir ihn dem Gewässer entnommen haben. Bei der Lagerung können wir also eine ganze Menge falsch machen. Aber wie geht's richtig? Wichtigstes Kriterium: die Temperatur! Fisch wird optimal gelagert, wenn seine Temperatur im Inneren nicht über 2 Grad steigt, er aber trotzdem nicht gefriert. Aha! Jetzt wissen wir auch, warum die leckeren Filets beim Fischhändler immer auf Eis liegen. Nicht nur, weil es so hübsch aussieht. Mit unseren kleinen Eiswürfelförmchen aus dem Haushalt halten wir da natürlich kaum mit. Aber wir können die Kühlschranktemperatur herabsetzen und den Fisch abgedeckt ganz hinten an der Rückwand lagern – dort ist es am kältesten. Und wenn wir doch einen dieser sündhaft teuren Kühlschränke mit integriertem Eiswürfelspender besitzen, decken wir den Fisch mit Folie ab und geben erst dann eine Schicht Eis darüber. Logisch, dass wir das Schmelzwasser gelegentlich entfernen müssen. Unterschiedliche Fischsorten und Frischestufen lagern wir getrennt. Filets sind empfindlicher als ganze Fische und verderben schneller. Außerdem spülen wir den Fisch vor (und nach) der Lagerung mit kaltem Leitungswasser ab und tupfen ihn mit Küchenkrepp trocken. Hände und Arbeitsgeräte sollten vor der Verarbeitung gut gereinigt, also weitestgehend frei von Bakterien sein. Im Klartext heißt das: Wo wir eben noch die Hähnchenkeule ausgelöst haben, hat jetzt der Fisch nichts verloren! Bei aller

Theorie zum Thema Lagerung gilt: Lagerung vermeiden. Schon am übernächsten Tag schmeckt das Filet nicht mehr so lecker wie direkt nach dem Fang. Nicht umsonst wird mit „fangfrisch" geworben, wenn es um Fisch geht! Einfrieren ist natürlich eine Möglichkeit des Haltbarmachens, an die Qualität von frischem kommt gefrosteter Fisch aber nicht heran. Halten wir unseren Fisch also dort frisch, wo es am natürlichsten ist: lebendig und in Freiheit im Wasser. Wir sind doch Angler – fangen wir uns einfach einen Neuen, wenn uns danach ist! Gelebte Nachhaltigkeit.

EINFRIEREN: JE SCHNELLER, DESTO BESSER

Bevor wir die kostbaren Filets fünf lange Tage vorschriftsmäßig im Kühlschrank lagern, frieren wir sie besser drei davon ein! Lieber eingefroren und aufgetaut als gekühlt und muffig. Trotzdem nehmen wir Abstand davon, uns regelrechte „Fischlager" im Tiefkühler anzulegen. Irgendwann droht der gefürchtete Frostbrand. Länger als zwölf Monate sollte selbst bei bester Lagerung kein Fisch in der Truhe liegen, fetthaltige Fische wie zum Beispiel Hering, Makrele oder Saibling sogar deutlich kürzer. Die optimale Temperatur liegt bei mindestens Minus 18 Grad. Frostbrand, was ist das eigentlich? Schnell erklärt: Wie bei großer Hitze verdunstet Wasser auch bei extremer Kälte. Wir alle kennen den feinen Rauch der aufsteigt, wenn wir den Tiefkühlschrank öffnen. Bei lange lagernden, tiefgekühlten Lebensmitteln verdunstet ebenfalls Wasser und zwar das aus der Zellstruktur des Gefrierguts. Die Kälte „zieht" also regelrecht das Wasser aus unserem Fisch. Bevorzugt dort, wo das Verpackungsmaterial nicht eng anliegt. Dieser Vorgang ist nicht rückgängig zu machen und unser Fisch wird an den betroffenen Stellen trocken und strohig. Das sieht dann nicht nur wie Styropor aus, das schmeckt auch so. Lecker geht anders! Die allerbeste Vorsorge gegen Gefrierbrand sind also kurze Lagerzeiten. Die zweitbeste: luftdichtes Verpacken. Wer ein Vakuumiergerät besitzt, ist damit ganz weit vorne. So ein Maschinchen ist natürlich eine Anschaffung, und wer sich für hochwertige Beutel aus kräftigem Kunst-stoff entscheidet, wird zusätzliches Geld los. Zum Glück geht es auch anders. Knackpunkt Nummer eins ist und bleibt die Luft in der Gefriertüte. Deshalb drücken wir sie aus dem Beutel heraus und schlagen diesen dann mindestens zweimal um. Richtig gut funktioniert das Einfrieren auch mit der guten alten Klarsichtfolie. Dazu wickeln wir unsere Filets mehrfach stramm in die Folie ein, so dass wir kleine Rollen erhalten. Die lassen sich platzsparend im Gefrierschrank verstauen. Ganz wichtig: Fisch immer so schnell wie möglich einfrieren! Die Industrie macht es mit dem berühmten „Schockfrosten" vor, bei dem das Gefriergut innerhalb kürzester Zeit auf die entsprechende Lagertemperatur gebracht wird. Diese Möglichkeit haben wir zu Hause natürlich nicht, trotzdem können wir den Prozess verkürzen. Indem wir den Fisch möglichst flach verpacken und in den ersten 24 Stunden nebeneinander (und nicht gestapelt) im Tiefkühler lagern. Die Begründung für dieses Vorgehen ist schnell geliefert: Je langsamer der Fisch gefriert, desto größere Eiskristalle bilden sich, die damit feinste Zellwände und Membranen zerstören. Was das bedeutet, tritt nach dem Auftauen zutage: Der Fisch verliert Wasser, die Qualität sinkt. Langsames Auftauen, am besten im Kühlschrank, sorgt zusätzlich für beste Güte. Machen wir es wie die Mathematiker und entwickeln daraus eine Formel: Schnelles Einfrieren + langsames Auftauen = 1A-Qualität.

KNIFF MIT PFIFF: Wer sich ein teures Vakuumgerät nicht leisten will/kann/darf, saugt einfach selbst die Luft aus den Beuteln. Und das geht so: Fisch in den Beutel geben, Öffnung mit der Faust umgreifen und mit ein, zwei Atemzügen die Luft aus der Tüte heraussaugen. Ist das gewünschte Vakuum entstanden, den Beutel knapp über dem Fisch eindrehen und mit einem Knoten luftdicht verschließen. Zugegeben: Die Maschine kann's besser und der wird nach dem fünften Beutel auch nicht schwindelig, dafür ist dieses Vakuum selbstgemacht.

Besser einfrieren: Den Fisch in einer Kunststoffdose über Nacht zum Block gefrieren lassen, herausnehmen und erst dann vakuumieren. Auf diese Weise wird kein Platz in der Truhe verschenkt.

OBST & GEMÜSE – MEHR ALS NUR BEILAGE

Frische ist das beste Gewürz! Was für Fisch oberstes Gebot ist, gilt für alle anderen Lebensmittel stellvertretend. „Jedem Gericht wohnt ein Zauber inne" – da ist viel Wahres dran.

Je frischer, desto mehr Zauber. Und hier kommt für uns Köche auch wieder der Spaß ins Spiel: Wer mag schon Dressing für flauen Salat anrühren? Unappetitliche Wuchspunkte aus Kartoffeln operieren? Oder Karotten schälen, die weich wie Gummi sind? Nein, Kochen muss Spaß machen und der steigt eben, wenn wir knackige, frische Zutaten mit satten Farben in Topf und Pfanne werfen.

Was seit zwei Wochen im Gemüsefach unseres Kühlschranks liegt, taugt vielleicht noch für Eintopf oder Soßenansatz, aber kaum noch als Beilage für unseren kostbaren Fisch. Und überhaupt: Vitamine tauchen in solchem Gemüse wohl nur noch in homöopathischer Dosis auf. Mit jedem Tag Lagerung nimmt der natürliche Vitaminverlust seinen Lauf, irgendwann ist nichts mehr da. Prädikat: besonders wertlos. Schließlich kochen wir nicht nur für Gaumen und (vollen) Magen, sondern auch für unsere Gesundheit.

Im Klartext: Nicht immer findet sich ein Gemüsehändler zwischen Küste und Küche, also kaufen wir unsere Beilagen häufig frühzeitig. Mit einigen Tipps und Tricks im Repertoire können wir aber für eine schonende Lagerung sorgen.

Obstkorb vs. Kühlschrank

Viele Gemüse und Früchte sind temperatur- und lichtempfindlich. Zuviel von beidem führt - wir hatten es eben schon gesagt – zu Vitamin- sowie Qualitätsverlusten. Zusätzlich entscheidet die Luftfeuchtigkeit darüber, ob der Porree knackig oder flau bleibt. Obst und Gemüse sind nicht nur Lebensmittel, sondern auch lebende Materie, die atmet und Inhaltsstoffe verbraucht. Damit hätten wir dann auch gleich geklärt, warum Obst und Gemüse schrumpelig werden: Die Wasserreserven werden nach und nach verbraucht. Trotzdem ist nicht für jedes Gemüse, für jede Frucht, die gleiche Lagerung optimal. Am besten orientieren wir uns daran, unter welchen klimatischen Bedingungen sie in ihrem natürlichen Anbaugebiet wachsen. Jetzt bekommen wir eine Idee davon, wie wir sie lagern. Südfrüchte wie Bananen, Mangos oder Papayas sind am besten im Obstkorb bei trockener Luft aufgehoben. Reife Orangen und Zitronen vertragen dagegen gut den Kühlschrank, der Reifeprozess wird zusätzlich gehemmt. Empfindlich sind alle Arten von Beeren, deshalb sollten sie flach, also nebeneinander, ebenfalls im Kühlschrank gelagert und sehr schnell verbraucht werden. Für Äpfel gilt: nicht zu warm und trocken, nicht zu kalt und feucht. Ideal sind kühlende Kellerräume. Hier lagern wir (voneinander getrennt) bestenfalls auch Zwiebeln und Kartoffeln an einem luftigen Ort.

KNIFF MIT PFIFF: Bei Radieschen, Möhren im Bund und allen anderen Gemüsen, die wir mit frischem Grün kaufen, sollte das „Laub" entfernt werden. Es entzieht dem Lebensmittel wertvolle Vitamine, Mineralstoffe und Wasser.

VON KÄLTE UND LUFTFEUCHTIGKEIT

Tomaten beginnen im Kühlschrank schnell zu schimmeln, deshalb lagern wir sie trocken und luftig und niemals gemeinsam mit Äpfeln, da dies den Reifeprozess beschleunigt. Gleiches trifft auch für alle anderen Arten von Obst und Gemüse zu: nicht gemeinsam lagern! Die meisten anderen Lebensmittel sind gut im Gemüsefach des Kühlschranks aufgehoben, das übrigens nicht umsonst ein geschlossenes System ist. Dadurch, dass im Inneren wenig Luftzirkulation stattfindet, entsteht schnell ein eigenes Klima mit idealer Luftfeuchtigkeit. Außerhalb des Gemüsefaches decken wir unser Gemüse entweder mit feuchten Tüchern ab oder lagern es in verschlossenen Kunststoffdosen. Bohnen, Paprika, Zucchini, Tomaten und Kürbis gelten als kälteempfindliche Produkte, die bei Temperaturen zwischen sieben bis zehn Grad gelagert werden sollten. Kälteunempfindliche Gemüse wie zum Beispiel Kohlrabi, Broccoli, Blumenkohl, Lauch, Eisberg und Kopfsalat, Pilze, Radieschen, Spargel oder Spinat werden durch Temperaturen knapp über dem Gefrierpunkt und einer relativen Luftfeuchte von über 90 Prozent am besten frisch gehalten.

MIT WISSEN ZUM LECKERBISSEN: Je nach Stärkegehalt werden Kartoffeln in festkochend, vorwiegend festkochend und mehligkochend unterteilt. Letztgenannte haben den höchsten Stärkegehalt und eignen sich damit besonders für alle Rezepte, bei denen die Kartoffeln püriert werden oder wir eine hohe Bindung erreichen wollen. Festkochende Kartoffeln verwenden wir wenn wir Wert auf eine ganze, nicht zerbrochene Knolle legen. Vorwiegend festkochende Kartoffeln sind der Kompromiss zwischen beiden und verfügen über einen mittleren Stärkegehalt.

KRÄUTER & GEWÜRZE – OHNE GEHT`S NICHT!

Kräuter und Gewürze – das Thema in der Küche! Die unterschiedlichen Garverfahren wie Kochen, Braten, Schmoren oder Dünsten sind streng genommen nur technische Vorgänge, die mit ein wenig Übung leicht erlernt werden können. Erst durch Zugabe von Gewürzen und Kräutern veredeln wir unsere Speisen, geben ihnen unsere eigene Handschrift mit auf den Tisch. Es ist nämlich so: Kochen ist Handwerk, Würzen ist Kunst! Aber Vorsicht! So wie nicht alles schön sein muss was uns im Alltag als Kunst verkauft wird, muss unseren Gästen nicht alles schmecken, was wir ihnen als „Création à la Gewürzregal" servieren. Und wir sind noch gut dran, wenn Schwie-germutter artig das überwürzte Thaicurry aufisst und ihr inneres Unwohlsein äußerlich weglächelt. Schlechter läuft's, wenn sie ausspricht, was alle am Tisch schon lange denken. Hier greift wieder der Vergleich zum Alltag: „Ist das Kunst oder kann das weg?" Ins Bockshorn jagen lassen wir uns jetzt aber nicht, oder? „Weniger ist mehr" – wenn Sie sich diesen Satz übers Würzregal schreiben, haben Sie schon das Wichtigste beachtet. Denn: Gewürze dienen zur Unterstützung nicht als Definition des Geschmacks. An ein selbst gemachtes Kartoffelpüree gehört geriebene Muskatnuss. Und zwar so wenig, dass wir ihr Aroma maximal erahnen können. Bleiben wir bei Kartoffelgerichten: Nicht der Knoblauch im Kartoffelgratin, der Pfeffer in gebratenen und schon gar nicht das Salz in gekochten Kartoffeln, sollen geschmacksgebend sein. Keine Regel ohne Ausnahme: Beim Tsatsiki sieht die Welt natürlich anders aus. Aber jetzt sind wir schon mittendrin und ehrlich gesagt vergleichen wir auch Äpfel mit Birnen. Denn bevor wir übers Würzen sprechen, müssen wir den Unterschied zwischen Schmecken und Riechen klären. Wir fassen uns kurz, versprochen.

◄ Gewürze sind wichtig – zuviele davon können aber das Gericht verderben.

KNIFF MIT PFIFF: Claus würzt viele seiner Fischgerichte damit, empfiehlt es aber auch für Kurzgebratenes: Chili-Vanillesalz.

Zutaten: 150 Gramm grobes Meersalz, 1 Vanilleschote, frische Chili

Zubereitung: Das Meersalz in eine „Mulinette" geben. Das Mark der Vanilleschote auskratzen und mit der grob zerkleinerten Chilischote ins Salz geben. (Statt des frischen Chilis können Sie alternativ einen Esslöffel Chilipulver oder Cayennepfeffer nehmen.) Das Ganze mehrmals kurz durchmixen und in ein luftdicht verschließbares Gefäß (Marmeladenglas) füllen. Zum Schluss den Rest der Vanilleschote in grobe Stücke schneiden und in das Salz legen, da in der Schote noch reichlich Aroma steckt. Wareneinsatz: unter zwei Euro!

SÜSS, SAUER, SALZIG, BITTER

Die Überschrift hat es schon verraten: süß, sauer, salzig, bitter – das sind die einzigen Dinge, die wir tatsächlich schmecken können! Zu mehr als diesen vier Grundempfindungen sind unsere Geschmacksknospen nicht imstande. Alle weiteren Wahrnehmungen werden ausschließlich über die Sinneszellen des Geruchssinns wahrgenommen, die in der gesamten Nasenhöhle zu finden sind. Und weil Nasenhöhle und Rachenraum miteinander verbunden sind, nehmen wir eben den Knoblauch, das Curry oder den Thymian wahr und sagen umgangssprachlich: „… schmeckt nach Knoblauch!" Streng genommen müssten wir sagen: „…riecht nach Knoblauch!" Machen wir aber nicht, sonst schaut uns jeder an der eingedeckten Tafel schief an. Vorerst behalten wir dieses Wissen erst einmal als kleinen Trumpf in der Hinterhand und glänzen eventuell damit, wenn unser Tischnachbar den Gourmet mimen will. Aber wir hätten das alles nicht erklärt, wenn wir es uns nicht auch zunutze machen könnten – beim Abschmecken. Erfahrene Köche nehmen zum Probieren nur eine kleine Menge der abzuschmeckenden Speise in den Mund, vermischen sie mit etwas Speichel und schlucken erst nach ein, zwei Sekunden mit geschlossenem Mund herunter. Unmittelbar danach wird durch die Nase ausgeatmet. Das ist der Moment, in dem Geschmack und Aroma am besten wahrnehmbar sind. Probieren Sie es aus, sonst denken Sie noch, wir sind völlig gaga. Geschmackskiller Nummer eins ist Salz. Was passiert, wenn Sie zuviel davon verwenden, müssen wir nicht erklären. Ohne geht's aber auch nicht. „Wo kein Salz ist, können Gewürze nicht helfen." Das alte Sprichwort hat zu recht seit vielen Jahren Bestand. Betrachten Sie Salz als natürlichen Geschmacksverstärker, denn genau das ist er. Die einfachste Form des Salzens erreichen wir mit herkömmlichem Tafelsalz. Aromatischer wird's mit groben Meer-, Himalaya- oder anderen schmackhaften Salzen. Wenn wir schon bei Sprichwörtern und umgangssprachlichen Aussprüchen sind: „Das ist bitter!" wird aus gutem Grund niemals in positivem Zusammenhang verwendet. Ein ganz kleines bisschen davon kann allerdings helfen, schließlich entstehen beim Braten wertvolle Bitterstoffe, die unsere „Forelle Müllerin" und die Bratkartoffeln so lecker machen. Sind zu viele Bitterstoffe entstanden, fallen aber schnell Vokabeln wie „ungenießbar" oder einfach „bääh". Verkohlte Fischfilets haben bisher noch niemandem geschmeckt. Mit „bittersüß" befinden wir uns irgendwo dazwischen, denn süß wird von unserem Gehirn fast immer als angenehm und freundlich empfunden. Zumindest dort, wo es passt. Säure ist ebenfalls eine Geschmacksrichtung, die in Maßen ein Gewinn ist, in Massen aber zu nicht vollständig geleerten Tellern führt. Ein paar Spritzer Zitrone auf dem Fisch, der süßsaure Hering oder die feine Säure von Tomaten und vielen Früchten sind lecker und wichtig, wer aber einen Schluck Essig trinken will, muss schon eine Wette verloren haben.

SCHARFMACHER

Auch wenn wir eben gesagt haben, dass lediglich die vier Geschmacksrichtungen süß, sauer, salzig und bitter wahrgenommen werden können, sind wir geneigt, Schärfe als Geschmack zu bezeichnen. Schließlich tut die Zunge nach dem Genuss scharf gewürzter Speisen weh. Und wer will schon abstreiten, dass wir mit der Zunge schmecken, schließlich sind dort die Geschmacksknospen angeordnet. Alles richtig, aber schauen wir genauer hin: Schärfende Zutaten wirken nämlich auf unsere Wärme- und Schmerzrezeptoren, also Sinneszellen, die Empfindungen an unser Gehirn weiterleiten. Und die sind über den gesamten Körper verteilt. An einigen Stellen, wie zum Beispiel an den Schleimhäuten, sind sie empfindlicher als anderswo. Und hier schließt sich der Kreis: Wenn Sie sich mit den Fingern, die eben noch die Chilischote kleingeschnitten haben, im Auge reiben, „brennt" das in wenigen Sekunden. „Schmeckt" unser Auge also deshalb die Schärfe? Die Antwort: ein klares „Nö!" Trotz alledem ist dosierte Schärfe aus vielen Gerichten nicht wegzudenken. Zuviel tut weh, das haben wir gerade erörtert. Gewiss, viele Leute stehen auf scharfes Essen, aber die sollen dann doch bitte individuell nachwürzen, schließlich soll der Curry-Dip für die übrigen Gäste nicht zur Nahtoderfahrung werden. Mit welchen Scharfmachern wir arbeiten, hängt vom Gericht, unseren Gästen und uns selbst ab. Denn: Schärfe ist nicht gleich Schärfe! Der Index reicht von würzig, elegant, dezent oder verzögert, bis direkt und gnadenlos. Mit diesen Gewürzen können Sie alles, von wohliger Wärme bis zu feuriger Hitze, in den Mündern ihrer Gäste erzeugen.

Echter Pfeffer: Neben weißem und schwarzem sind auch grüner und roter Pfeffer erhältlich, die als echter Pfeffer bezeichnet werden und aus dem Strauch der Pfefferpflanze gewonnen werden. Der Grüne ist der unreife, früh geerntete Pfeffer, der eingelegt oder gefriergetrocknet erhältlich ist. Wird er herkömmlich getrocknet, erhalten wir Schwarzen Pfeffer. Die reifen, ungeschälten Pfefferfrüchte sind rot und werden ebenfalls eingelegt oder gefriergetrocknet angeboten, sind aber schwer erhältlich. Der geschälte, vollreife, getrocknete und gebleichte Pfeffer ist dann der Weiße Pfeffer. Sein volles Aroma entwickelt Pfeffer, wenn er frisch gemahlen ist. Für aromatische Schärfe sorgt eine Mischung aus verschiedenen Sorten, Fisch sollten wir aber nur mit frisch gemahlenem weißen, und wenn uns die schwarzen Punkte auf dem Filet nicht stören, mit schwarzem Pfeffer würzen, so wird das feine Fischaroma nicht überlagert. Die kleinen Einmal-Pfeffermühlen vom Discounter reichen völlig aus, wer es stilvoller mag, kauft sich etwas Schickeres. Nur den bereits gemahlenen Pfeffer lassen Sie besser im Regal stehen – da können wir gleich Schießpulver verwenden.

Szechuanpfeffer: Aus den Beeren des westchinesischen Gelbholzbaumes gewonnen, zählt Szechuan-

pfeffer nicht zum echten Pfeffer. Er verleiht Speisen eine intensive und „runde" Schärfe und wird traditionell in der asiatischen Küche eingesetzt.

Rosa Pfeffer: Die Früchte des Brasilianischen Pfefferbaums besitzen eine milde, aromatische Schärfe und werden getrocknet gerne anstelle des leicht verderblichen roten Pfeffers, bunten Pfeffermischungen beigegeben.

Cayennepfeffer: Als Cayennepfeffer werden gemahlene, getrocknete Chilischoten der Sorte „Cayenne" bezeichnet. Häufig werden natürlich auch andere gemahlene Chilischoten unter der Handelsbezeichnung „Cayennepfeffer" angeboten, alle besitzen jedoch die gleiche Eigenschaft: beißende Schärfe, mit leicht bitterem Geschmack. Bitte nur dosiert einsetzen.

Chili: Chili-Schoten gehören zur Gattung der Paprika und sind in unterschiedlicher Form erhältlich. Die Früchte werden als Peperoni, Pfefferoni oder Chili bezeichnet und verfügen alle über den für die Schärfe verantwortlichen Stoff Capsaicin. Von dem ist in roten Chilischoten mehr enthalten als in grünen. Aus unseren Gemüsepaprikas wurde es inzwischen herausgezüchtet, damit die einen milden Geschmack aufweisen. Da es reichlich verschiedene Chilischoten mit ebenso unterschiedlichem Capsaicin-Anteil gibt, hilft hier nur die Beratung beim Händler. Die Schärfe ist meist lang anhaltend. In getrockneter Form ist Paprikapulver eher gemäßigt, während

getrocknete Chilis oder Chiliflocken „sehr ordentlich" sein können. Vorsichtig dosieren.

Wasabi: Wasabi liefert eine kräftige aber nur sehr kurz anhaltende Schärfe, die durch flüchtige Senföle entsteht und im Gegensatz zu Chili nicht auf der Zunge, sondern kurz in Rachen und Nase brennt. Wasabi wird aus Japanischem Meerrettich gewonnen und ist schärfer als der Europäische. Das als Pulver oder Paste erhältliche Wasabi muss luftdicht und kühl gelagert werden, sonst verliert es schnell die Würzkraft.

Meerrettich: Wird die Meerrettichwurzel geschnitten oder gerieben, verströmt sie einen stechenden, zu Tränen reizenden Geruch. Der geschabte, frische Meerrettich eignet sich damit zum Schärfen verschiedener Gerichte und wird, mit Rahm verrührt, klassisch als Sahnemeerrettich zu Rauchlachs und anderen Speisen gereicht.

Ingwer: Je nach Erntezeitpunkt kann die geriebene Ingwerwurzel als mild bis kräftig schärfende Zutat für exotische Currys und Chutneys verwendet werden, sollte aber erst kurz vor dem Servieren zugegeben werden. Toller Nebeneffekt: Ingwer hilft, fettreiche Nahrung zu verdauen.

Senf: Die Schärfe von Senf richtet sich nach den verwendeten Samen und kann eine milde, nussige Note haben, aber auch gehörig in der Nase brennen. Verwendet werden können Senfkörner oder der in Gläsern erhältliche Tafelsenf. Zugabe nach Geschmack.

GEWÜRZMISCHUNGEN

„Die Mischung macht's!" so können wir es treffend zusammenfassen: Gewürzmischungen sind aus der Küche nicht wegzudenken. Und spätestens seit Etablierung der „Crossover-Küche" verschwimmen Grenzen und Kultur verschiedener Kochstile. Erlaubt ist, was gefällt und schmeckt! Und so werden typische Elemente der internationalen Küche aus alten Traditionen herausgelöst, miteinander kombiniert und Neues erfunden. Wenn das der alte Paul Bocuse wüsste, der sich seinen Namen mit der klassischen Küche erworben hat. Nennen wir es einfach „Freistil-Kochen". Und was die Jungen Wilden in den Fernseh-Shows vormachen, davon können wir Hobbyköche nur profitieren. Vorbei die Zeit, in der Curry noch die einzige Gewürzmischung für uns war. Hier ein kleiner, ein klitzekleiner Blick in das große Reich der Pasten, Pulver und Mixturen:

Currypulver: DAS Curry gibt es nicht. Da es sich um eine Gewürzmischung aus über einem Dutzend Zutaten handelt und die – je nach Herkunft – nicht immer gleich und nicht immer in gleicher Ration enthalten sind, unterscheiden sich Currypulver voneinander. In jedem enthalten ist Kurkuma. Das gibt dem Pulver die typisch gelbe Farbe. Kreuzkümmel, Pfeffer und Koriander sind ebenfalls immer enthalten, ansonsten sorgen Kardamon, Nelke, Zimt, Ingwer, Knoblauch, Paprika, Chili, Senfkörner, Muskatnuss und viele weitere Gewürze für reichlich verschiedene Curry-Variationen. Und übrigens: Curry ist natürlich auch als Paste erhältlich – im Asialaden werden Sie fündig. Seien Sie aber vorsichtig beim Ersteinsatz und missbrauchen Ihre Gäste nicht als Versuchskaninchen, sonst haben Sie bald keine mehr. Einige Mischungen haben nämlich ordentlich „Wumms"! Lieber nachwürzen.

Chilipulver: Bitte nicht verwechseln mit gemahlenem Chili. Was wir hier meinen, ist das Chilipulver aus der amerikanischen Tex-Mex-Küche. Die Grundzutaten: Cayennepfeffer, Knoblauch, Oregano und Kreuzkümmel. Außerdem werden häufig andere Gewürze beigemischt, die wir eben schon beim Currypulver genannt haben. Auch hier gilt: Haben wir es mit dem Pulver übertrieben, ist der „Point of no Return" schnell erreicht – die Schärfe kriegen wir hinterher kaum noch raus.

Tandoori: Eine als Pulver und Paste erhältliche Marinade aus der indischen Küche, die auch als Tanduri Masala bezeichnet wird. Der Name ist hergeleitet aus der Bezeichnung des traditionellen Tandur, einem mit Holzkohle geheiztem Ofen und Masala, was stellvertretend für Gewürzmischung steht. Hätten wir Deutschen das Tandoori erfunden, hieße es vermutlich zungenbrecherisch „Bratröhren-Gewürzmarinade". Glück gehabt, so können wir unsere Gäste zum Chicken- oder Fisch-Tandoori einladen! Das klingt doch gleich viel besser, oder?

KNIFF MIT PFIFF: Knoblauch darf in keiner Küche fehlen, ist aber kein Gewürz im eigentlichen Sinne. Idealerweise verwenden wir frischen Knoblauch und nicht das geschmacksarme Granulat aus dem Streuer. Nur: Wer verbraucht schon auf Schlag eine ganze Knolle? Machen Sie es wie Florian, der pellt die Zehen von drei Knollen „Knofi", legt sie in ein Glas und bedeckt sie mit kalt gepresstem Olivenöl. Das kann eine ganze Zeitlang stehen bleiben und der Knoblauch kann nach und nach entnommen und verarbeitet werden. Der Clou: Automatisch entsteht dabei ein leckeres Knoblauchöl, das für Salatdressings und zum Braten verwendet werden kann.

Ras el-Hanout: Wir hatten nicht zu viel versprochen als wir oben sagten, dass wir hier mit Elementen aus der internationalen Küche arbeiten. Ras el-Hanout kommt aus dem Marokkanischen und bedeutet soviel wie „Chef des Ladens". Bevor Sie jetzt denken, wir hätten sie nicht mehr alle, klären wir lieber auf: Die Gewürzmischung ist mit seinen über 20 verschiedenen Zutaten so kompliziert herzustellen, dass sie eben nur der „Chef des Ladens" mixen darf. Die Mischung ist gleichzeitig süß, scharf und bitter, allerdings in pfiffiger Weise aufeinander abgestimmt. Seien Sie nicht gleich dagegen, probieren Sie es aus. Delikat!

Sambal Oelek: Sambal stammt traditionell aus der indonesischen Küche und ist eine Würzpaste die überwiegend aus Chili, häufig aber auch mit weiteren Zutaten hergestellt wird. Das berühmte Sambal Oelek (auch: Sambal Ulek) beinhaltet ausschließlich zerstoßene rote Chilischoten, Salz und Essig und ist dadurch lange haltbar. Das indonesische Wort „Ulek" bedeutet so viel wie „Stößel" und bezeichnet damit die Art der Verarbeitung. Nachdem wir nun unseren Ausflug in die Küchen der Welt beendet haben, gönnen wir uns noch einen abschließenden Blick in das Gewürzregal. Das Gute liegt so nah und aus der Ferne kommen wir ja gerade. Deshalb seien hier die Gewürze erwähnt, für die der Gang zum Supermarkt um die Ecke ausreicht und nicht der zum Asialaden notwendig wird. Darüber gesprochen hatten wir

schon: Muskatnuss. Kaufen Sie ganze Nüsse und reiben Sie sie mit einer kleinen Reibe frisch in alle Kartoffel- und Kohlgerichte. Bedeutet: Fertiges Pulver sparen wir uns lieber. Lorbeerblätter benötigen wir für Fischfond, eingelegte Heringe, Brühe, Soßenansätze und für viele Schmorgerichte. Da wir in unseren Breitengraden schwer an frische Lorbeerblätter herankommen, müssen wir uns mit getrockneten arrangieren. Gleiches gilt für Gewürznelken, die wir wie Senfkörner zum (vorsichtigen) Würzen von Marinaden, Soßen und Brühe verwenden. Pimentkörner, Kardamonkapseln, Zimt und Kümmel sind ebenfalls Gewürze, mit denen wir viele unserer Speisen verfeinern können. Und das ist natürlich längst nicht alles. Sie werden es bald selbst merken: Im Laufe der Zeit kommt immer mehr dazu, das Gewürzregal wird immer voller. Ganz gefährlich: Urlaub in exotischen Ländern! Was es da nicht alles auf den Märkten zu entdecken gibt.

KRÄUTER: GARTEN STATT GETROCKNET

Nehmen Sie es uns nicht krumm, liebe Leserinnen und Leser, aber jetzt reiten wir schon wieder auf einem Begriff rum: der Frische! Wenn wir uns über Küchenkräuter unterhalten, kommen wir eben nicht drumherum. Natürliche, kräftige Aromen sind in vielen getrockneten Kräutern wohl nur noch in Spurenelementen vorhanden. Diese „Kräuter" taugen zu kaum mehr als einem optischen Reiz in unseren Speisen. Aber es gibt Ausnahmen: Die kräftigen italienischen Kräuter wie zum Beispiel Thymian, Oregano, Majoran, Salbei, Basilikum oder Rosmarin haben auch getrocknet noch ordentlich Aroma und behalten es, wenn wir sie luftdicht und dunkel lagern. Bei Petersilie, Dill oder Schnittlauch sprechen wir in getrocknetem Zustand schon eher von Heu als von Küchenkräutern. Eine tolle Alternative sind gefrorene Kräuter aus dem Supermarkt. Die haben nicht nur a) eine schönere Farbe, sondern b) auch das deutlich bessere Aroma und sind c) innerhalb von Sekunden in die Soße gerührt oder unters Gemüse geschwenkt. Einfach. Genial. Wenn wir es richtig gut machen wollen, legen wir uns ein kleines Kräuterparadies in der Küche an. Das sieht nicht nur dekorativ aus und verbreitet einen angenehmen Duft, sondern sorgt auch für aromatische Kräuter allererster Güte. Kleine Töpfe mit gezogenen Pflanzen bekommen Sie auf dem Wochenmarkt, wer mehr gärtnerische Ambitionen (und Geduld) hat, pflanzt Samen. Uns allen ist natürlich bewusst, dass selbst anspruchslose Pflanzen ein Minimum an Pflege brauchen. Nicht jeder Hobbykoch ist auch Hobbygärtner, aber ohne Licht, Wasser, Erde und einem Tropfen Dünger wird's leider nichts mit den blühenden Landschaften. Schon gar nicht, wenn wir unentwegt Stengel und Blätter für Soße, Salat und Beilage abrupfen. Für den eigenen Kräuteranbau eignen sich besonders folgende Pflanzen: Basilikum, Bohnenkraut, Dill, Estragon, Kerbel, Kresse, Liebstöckel (Maggi-Gewürz), Minze, Petersilie, Rosmarin, Salbei, Schnittlauch, Thymian und Zitronenmelisse. Da der Kräutergarten häufig schneller wächst als wir kochen können, lassen sich Kräuterbutter oder Kräutersalz daraus herstellen. Die Butter kann portionsweise eingefroren und als Brotaufstrich oder zum Überbacken entnommen werden. In Soßen und Suppen wird sie nach Bedarf eingerührt. Für Kräutersalz hacken wir unsere Kräuter klein und vermischen sie mit grobkörnigem Meersalz. Auch wenn man es oft anders liest: Dass die Kräuter vor der Verarbeitung getrocknet werden müssen ist Kokolores. Das Salz entzieht ihnen die Feuchtigkeit automatisch. Und noch ein Tipp: In südlichen Ländern findet man viele Kräuter wie zum Beispiel Thymian oder Salbei häufig am Wegesrand, wo wir uns einen kleinen Vorrat pflücken und später trocknen können. Diese Kräuter haben meistens viel mehr Aroma als gekaufte, die häufig unter schlechten Bedingungen und viel zu lange gelagert wurden.

KNIFF MIT PFIFF: Frische Kräuter bitte immer erst kurz vor dem Servieren der Speise zufügen. So bleibt neben der grünen Farbe das volle Aroma erhalten. Bei getrockneten Kräutern machen wir es umgekehrt und lassen sie eine Zeitlang mitkochen und entlocken so ihre Würzkraft.

01

02

03

Aus Kräutern, Butter, Knoblauch, etwas Chili, Paprika, Salz und Pfeffer lässt sich schnell eigene Kräuterbutter herstellen:

01: Fertige Masse auf Backpapier verteilen...

02: ... Stramm zusammenpressen...

03: ... zu einer Rolle formen und einfrieren. Nach wenigen Stunden lassen sich die ersten Scheiben abschneiden.

KNIFF MIT PFIFF: Streufähige, frisch gehackte Kräuter erhalten wir nur, wenn wir mit einem sehr scharfen Messer (Messer, nicht Moulinette!) arbeiten und die Kräuter nach dem Waschen in einem Küchenhandtuch getrocknet werden. Andernfalls zerdrücken wir die aromatischen Stengel und Blätter eher als dass sie geschnitten werden. Zusätzlich vermischen sie sich mit dem auf der Oberfläche anhaftenden Wasser und wir erhalten einen matschigen Brei.

KOCHEN NACH DREHBUCH

Nachdem wir uns auf den letzten Seiten ausgiebig mit Kräutern, Gewürzen und weiteren Zutaten sowie mit Töpfen, Pfannen und all dem anderen Equipment beschäftigt haben, stellen wir uns jetzt endlich an den Herd. Wir korrigieren: erst einmal an das Schneidebrett! Denn vor die Zubereitung hat der liebe Gott die Vorbereitung gesetzt. Dafür gibt es sogar einen Fachbegriff: Köche sprechen von ihrem „Mise en Place", also der Vorbereitung ihres Arbeitsplatzes. Und das ist, um es mal vorsichtig auszudrücken, das Wichtigste in der Küche! Man hört es ja ständig: „Kochen ist stressig", „..in der Küche läuft dir der Schweiß nur so in die Schuhe!" oder „Köche sind Malocher". Der gelernte Koch und Schauspieler Gregor Weber geht sogar noch weiter, begleitete deutsche Profiköche an den Herd und veröffentlichte 2009 ein Buch darüber. Der martialische Titel: „Kochen ist Krieg!" Wir halten dagegen und sagen: Kochen ist zumindest kein Hexenwerk. Und Stress, das ist bekanntlich ja sowieso das, was wir uns selbst machen. Zugegeben, als Berufskoch sieht die Welt anders aus, aber darum geht es hier nicht. Wir wollen eine gute Zeit mit unseren Gästen verbringen. Und je besser wir vorbereitet sind, desto gelöster die Stimmung.

Als allererstes erfährt der gute alte Notizblock eine Renaissance. Schließlich müssen wir unsere benötigten Lebensmittel einkaufen gehen und was wir morgens vergessen haben in den Einkaufskorb zu legen, fehlt abends beim Menü. Zur Erstellung unseres Mise en Place gehen wir dann taktisch vor: Alles was wir vorbereiten können, produzieren wir rechtzeitig vor. Die Zwiebelwürfel, die feinen Gemüsestreifen, das Portionieren des Fisches oder das Schälen der Kartoffeln – all das sind Arbeitsgänge, die wir nicht mehr machen wollen, dürfen, sollten wenn die Gäste schon am Tisch sitzen. Was wir erst in letzter Minute machen: Den Fisch braten, die geschlagene Sahne unter die Soße rühren oder das Gemüse in Butter schwenken. Wer das schon Stunden vorher tut, erzielt nicht den perfekten Geschmack. Sie kennen den Begriff des „Kochens à la minute"? Hier liegt sein Ursprung! Dennoch: mit jedem möglichen Handgriff, den wir vorab erledigt haben, erarbeiten wir uns einen kleinen Zeitwohlstand, für den wir später dankbar sein werden. Es geht weiter: Unsere Gerichte kochen wir morgens im Geiste einmal durch und machen uns Gedanken darüber, wie viel Zeit wir für welche Arbeitsschritte benötigen. Wenn um 19 Uhr der Hauptgang auf dem Tisch stehen soll, wir eine Stunde für die Zubereitung einkalkulieren und eine weitere für das Mise en Place, wann beginnen wir dann mit den ersten Handgriffen? Genau, rechtzeitig um 16 Uhr! Irgendetwas Unvorhergesehenes grätscht

uns schließlich immer dazwischen. Alle Töpfe, die wir benötigen, Schüsseln, Schneebesen, Anrichtegeschirr und so weiter und so fort legen wir uns natürlich bereit. Den Tisch können wir Stunden vorher eindecken, nicht erst, wenn der Fisch schon in der Pfanne brutzelt. Sauberkeit – auch so eine Sache! Wenn die Küche wie ein Schlachtfeld aussieht und sich überall wackelnde Stapel aus Tellern und Schüsseln türmen, die Arbeitsfläche mit Soßenklecksen verziert und dazwischen unser Arbeitsgerät versteckt ist, verliert selbst der ausgeglichenste Koch irgendwann die Nonchalance. „Herrje.... wo ist denn jetzt das Sägemesser abgeblieben? Uuuuschiiii... hast du das lange Messer wieder benutzt? Etwa?!" Ersparen wir uns das.

Jeder gelernte Koch hat an der Hüfte ein großes festes Tuch in die Schürze gesteckt, den „Torchon". Der dient gleichzeitig als Topflappen und Wischtuch. Lassen Sie es sich in Fleisch und Blut übergehen, jede Unsauberkeit mit einem Wisch zu entfernen und jedes Arbeitsgerät immer wieder an den gleichen Ort zurückzulegen. Den Salzstreuer, die kleine Teflon-Pfanne, den Sparschäler und alle anderen Dinge sollten wir blind greifen können und nicht erst lange suchen müssen. Sie haben eine halbe Minute Leerlauf? Prima, dann spülen Sie doch schnell die beiden Schüsseln ab, wo eben noch Zwiebelwürfel und gehackte Kräuter drin lagen!

MIT WISSEN ZUM LECKERBISSEN: Die klassische Mehlschwitze für helle Soßen (franz: Roux blanc) wird aus Butter und Mehl hergestellt. Für einen Liter Soße verwenden wir 80 Gramm Mehl und 100 Gramm Butter, für die gleiche Menge Suppe jeweils die Hälfte. Nachdem wir die Butter in einem Topf ausgelassen haben, streuen wir das Mehl ein und rösten es einige Minuten unter ständigem Rühren bei geringer Hitze mit – fertig ist die helle Mehlschwitze. Der Clou kommt jetzt: Wenn wir damit Soße klumpenfrei binden möchten, muss eine der zwei Komponenten kalt und eine heiß sein! Also gießen wir entweder kalte(!) Flüssigkeit auf die eben hergestellte Mehlschwitze oder wir stellen die Roux auf Vorrat her und streuen sie erkaltet in die heiße(!) Soße. Nur so verhindern wir Klumpen. Die Erklärung ist einfach, kann aber nur mit dem Mikroskop gesehen werden: Bei der Herstellung legt sich nämlich um jedes einzelne Mehlpartikelchen eine dünne Schicht Fett. Und das schmilzt nun langsam weg und geht Partikel für Partikel in die Soße über. Aus diesem Grund ist Wasser ein absolutes „Nogo" für die Herstellung einer Mehlschwitze. Es verklebt die Mehlpartikel miteinander – eine homogene Soße erhalten wir auf diese Weise nicht. Ausnahme bildet das Binden mit Stärke, wie es in der asiatischen Küche Anwendung findet. Die Stärke löst sich durch Einrühren in kaltes Wasser im Nu auf und kann jetzt nach und nach in die Soße gegeben werden. Kurz aufkochen lassen und wir können dabei zusehen, wie die Soße sofort dicker wird. Unterm Strich gibt es für beide Varianten ein Für und Wider. Die klassische Mehlschwitze ist etwas aufwendiger und teurer in der Herstellung, gibt aber auch eine elegantere Bindung und einen besseren Geschmack. Wenn man es perfekt machen möchte und das etwas stumpf-mehlige Gefüge aus der Soße haben möchte, muss die Soße nach dem Binden etwa 15-20 Minuten vor sich hinköcheln. Das Binden mit Stärke geht dafür ziemlich fix und wir verzichten auf die Zugabe von Butter, die sich bei uns und unseren Gästen an den Hüften festklammert. Lassen Sie es uns so sagen: Alles geht, wenn es auf nichts ankommt, wenn aber die liebe Oma zu Besuch kommt, binden wir unsere Soße lieber mit einer Mehlschwitze ab. Und wenn zu allem Unglück doch mal Klümpchen in der Soße zu finden sind, gießen wir sie vor dem Servieren einfach durch ein feines Sieb. Ist die Soße dann noch zu dünn, binden wir rasch mit einer Wasser-Stärke-Mischung nach. Etwas Tricksen ist schließlich in jeder Küche erlaubt.

FILETIEREN – RUCKZUCK ZUM FILET

Jetzt liegt er vor uns, der Hauptdarsteller. Natürlich schimmernd, nahezu geruchlos und mit prallen, glänzenden Augen: unser frischer Fisch. Kleine Forellen, Platt- oder andere Portionsfische machen es uns einfach – die können im Ganzen zubereitet werden. Größere Fische, die links und rechts übers Schneidebrett ragen, treiben vielen von uns einen sanften Schuss Beunruhigung durch die Venen: Wie soll der in Bratpfanne, Topf oder Ofen passen? Und wenn klar wird, dass das nicht funktionieren wird: Wie bekomme ich den Kaventsmann bloß klein? Einfach hat es derjenige, der Karbonaden aus dem Fisch schneiden möchte. Mit einem großen, scharfen Messer und einer Portion Durchsetzungsvermögen im Schneidearm, werden die Tranchen (Scheiben) vom Kopf beginnend bis zum Schwanz zwei Fingerbreit runtergeschnitten. Fertig.

Wen die Gräten beim Essen stören oder wer einfach ein kleines Upgrade auf dem Teller haben möchte, entscheidet sich für Filets. Plattfische besitzen gleich vier davon, alle anderen Fische zwei – rechts und links der Mittelgräte. Wie Sie die verlustfrei auslösen, sehen Sie in den folgenden Bilderstrecken. Und für alle Norwegenfahrer gibt es noch ein kleines Schmankerl obendrauf: der Seeteufel. Dass der urzeitlich anmutende Fisch mit dem riesigen Kopf kein Angstgegner auf dem Filetierbrett sein muss, zeigen wir ebenfalls. Wie Plattfisch, Rundfisch und Seeteufel filetiert werden, sehen Sie im Detail auf den folgenden Seiten.

◄ Fisch zu groß für Kochtopf oder Pfanne? Na dann schneiden Sie doch Karbonaden

PLATTFISCHE FILETIEREN

01 Bei allen Plattfischen (hier: Scholle) ist die Seitenlinie zur „Rückenlinie" mutiert und gibt uns damit den ersten Schnitt zum Filet vor. Schneiden Sie den Fisch entlang der Seitenlinie bis auf das Grätenkleid ein.

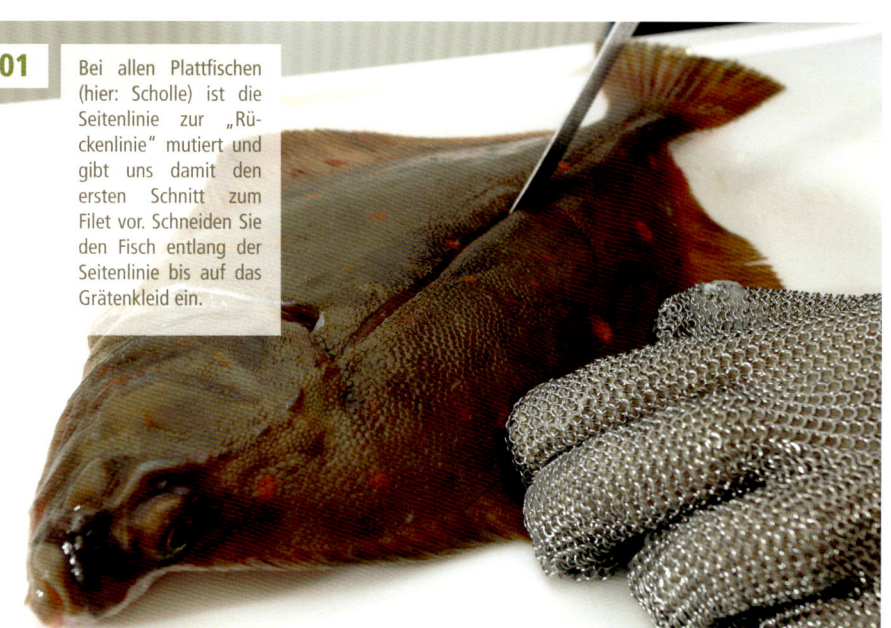

02 Zur besseren Fleischausbeute den Fisch entlang des Kopfes nach oben einschneiden.

03 Mit einem flexiblen Messer entlang der Mittelgräte bis zum Flossensaum schneiden und das Filet abtrennen.

04 Das kleinere Filet auf der gegenüberliegenden Seite auf gleiche Weise abtrennen. Danach auf der weißen Bauchseite ebenfalls die beiden Filets abtrennen.

05 Die dunkle Haut der beiden Rückenfilets kann leicht bitter schmecken. Deshalb diese lieber entfernen.

06 Die dünne, schwarze Oberfläche der Bauchhöhle entfernen.

07 Auch die Flossensäume entfernen.

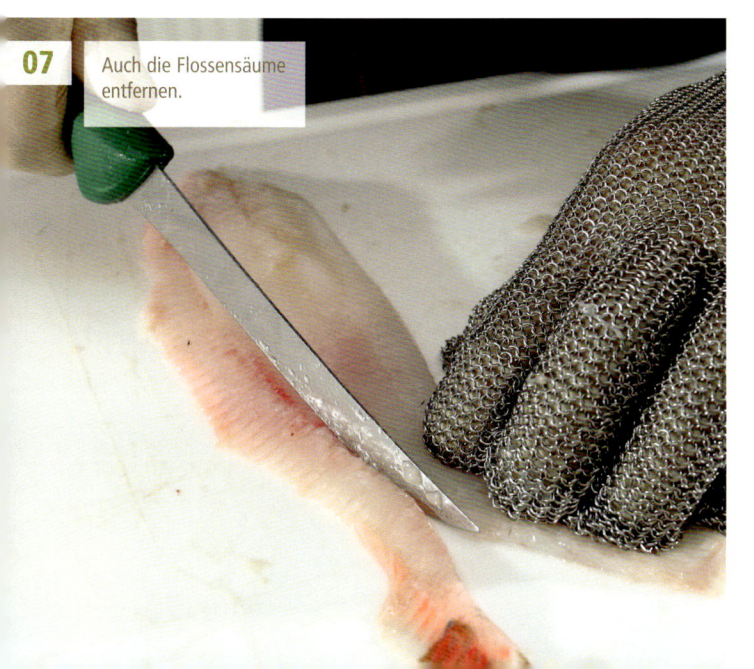

08 Die fertigen Filets. Guten Appetit!

RUNDFISCHE FILETIEREN

01 Lohnt sich bei allen Rundfischen (hier: Kabeljau) ab 70 cm Länge: Das Heraustrennen der Bäckchen unterhalb der Augen – ein besonderes Schmankerl.

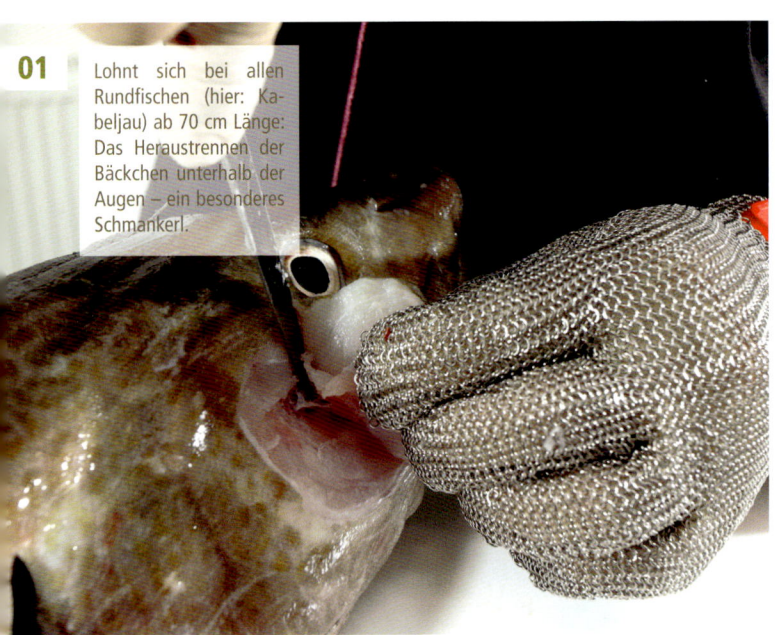

02 Jetzt geht's ans Filet: Den Fisch auf die Seite legen und von der Afterflosse bis zum Kopf entlang der Mittelgräte einschneiden

03 Unterhalb der Brustflosse einen tiefen Schnitt bis zur Mittelgräte ausführen.

04

Das Filet mit kurzen Schnitten, die direkt auf der Gräte ausgeführt werden, sorgfältig ablösen.

05 Unmittelbar hinter der Afterflosse das Messer auf der Gräte durchstechen und das Filet zur Schwanzflosse hin ablösen.

06 Das Filet an den Bauchgräten komplett ablösen.

07 Die Stehgräten mittels V-Schnitt aus dem Filet herausschneiden oder gleich den kompletten Bauchlappen entfernen. (Das Fleisch erreicht nicht die hohe Qualität des Filets und sollte gesondert zubereitet werden.)

08 Zum Enthäuten des Filets das Messer unter dem Fleisch auf der Haut entlangführen

09 Das enthäutete Filet mit entfernten Bauchlappen.

10 Im Vergleich beide Varianten der grätenfreien Kabeljau-Filets: Unten inklusive Bauchlappen und entfernten Stehgräten, oben mit abgetrennten Bauchlappen.

SEETEUFEL FILETIEREN

01 Wie bei großen Rundfischen können auch beim Seeteufel die kostbaren Bäckchen mit einem kleinen, scharfen Messer ausgelöst und zubereitet werden.

02 Die dunkle Haut wird dünn abgetrennt und auch die darunter liegende zweite Hautschicht kann, muss aber nicht, entfernt werden. Schneeweiße Bäckchen sind das Ergebnis.

03 Das Filetieren gestaltet sich beim Seeteufel anders, als bei anderen Fischen, da lediglich der fleischige Schwanz verwertet werden kann. Um ihn abzutrennen, drehen wir den Fisch auf die Bauchseite und schneiden am Rand der Rückenfilets die Bauchlappen auf.

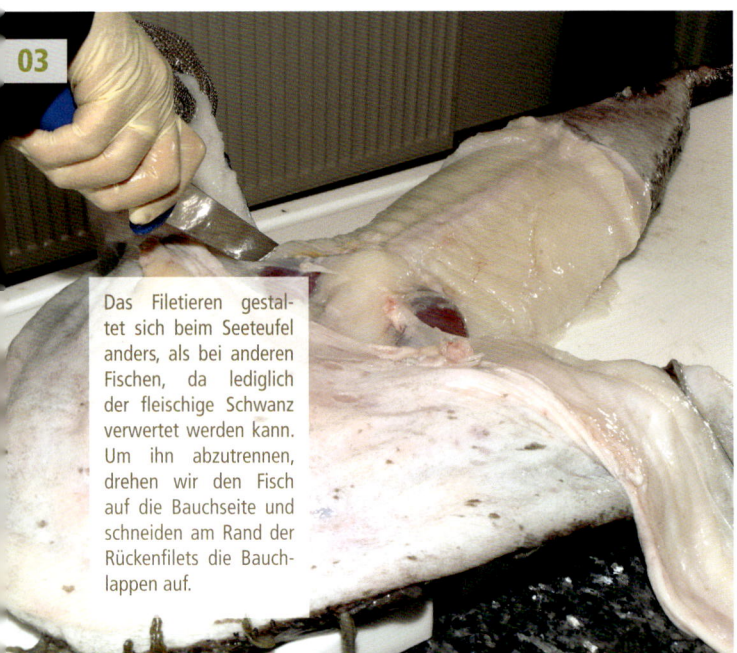

04 Jetzt trennen wir den Schwanz in der schmalen Knorpelschicht zwischen letztem Wirbel und Übergang zum Kopf ab.

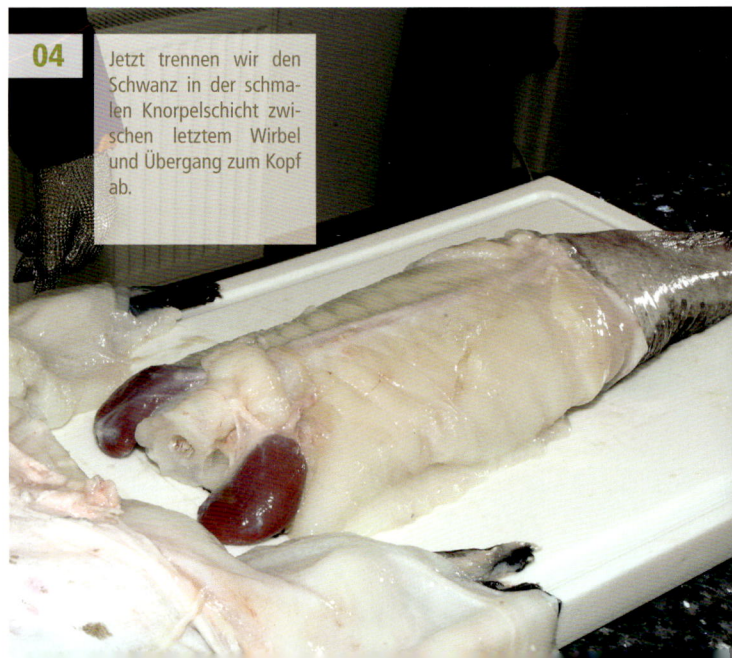

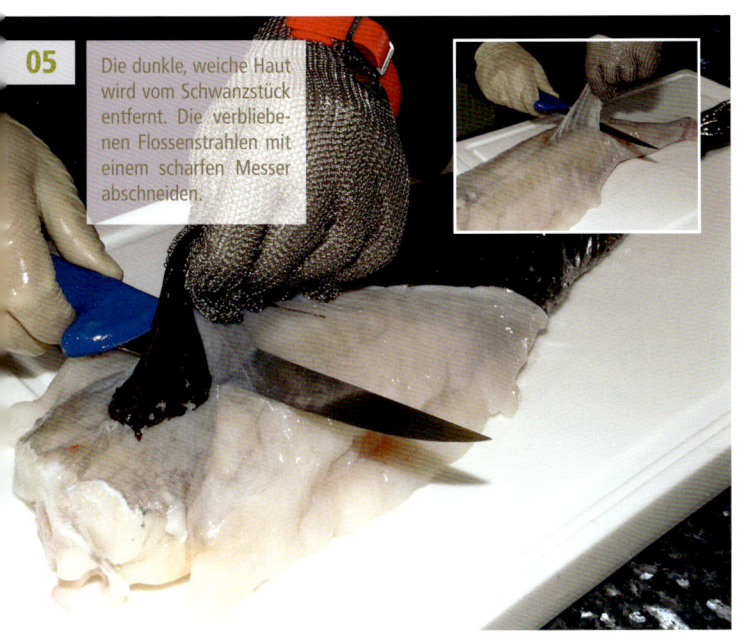

05 Die dunkle, weiche Haut wird vom Schwanzstück entfernt. Die verbliebenen Flossenstrahlen mit einem scharfen Messer abschneiden.

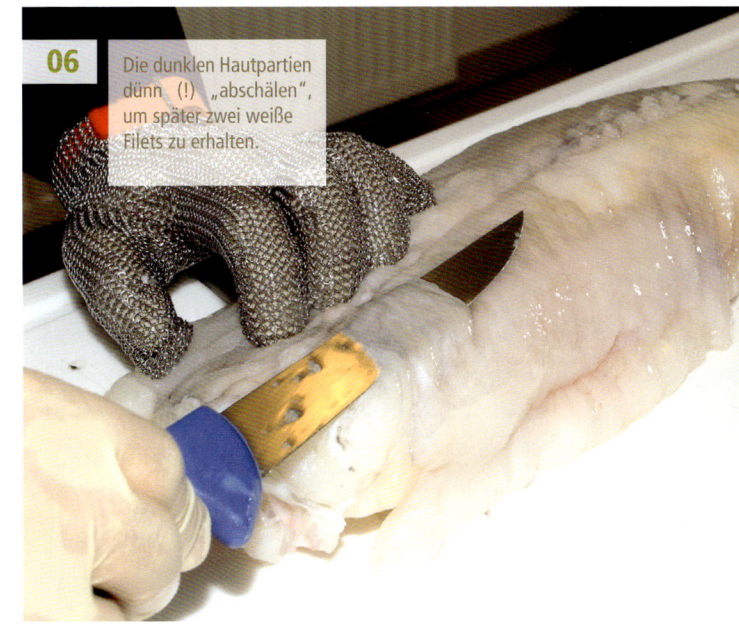

06 Die dunklen Hautpartien dünn (!) „abschälen", um später zwei weiße Filets zu erhalten.

07 Die Filets links und rechts entlang des Rückenknorpels ablösen.

08 Aufgrund des riesigen Kopfes liegt die Filetausbeute beim Seeteufel leider nur bei 25 bis 30 Prozent. Kein Wunder, dass im Fischgeschäft rund 60 Euro für ein Kilo gezahlt werden müssen - eine echte Delikatesse!

SCHRÖPFEN - GENUSS STATT GRÄTEN

Schröpfen dient in der Küche dazu, grätenreiche Fische guten Gewissens servieren zu können. Und zwar ohne, dass wir die Rufnummer des Notarztes unter der Tischdecke verstecken müssen, weil sich eine der vielen Gräten in der Speiseröhre querstellen könnte. Glauben Sie uns: Wir wollen Ihnen keine Angst machen, aber einige Fische (Weißfische) sind unbehandelt eine echte Herausforderung auf dem Teller. So lecker sie sonst auch sein mögen, wenn unser Tellerrand bald aussieht wie die Außenhaut eines Kaktus, wird echter Genuss ein hoch gestecktes Ziel. Und deshalb schröpfen wir. Dazu wird der (geschuppte) Fisch von außen bis zur Mittelgräte, in Abständen von rund drei Millimetern, mit einem scharfen Messer quer zur Gräte eingeschnitten. Das sorgt dafür, dass die Hauptgräten verkürzt und die feinen Zwischenmuskelgräten durchtrennt werden. Legen wir den Fisch nun noch in einer säurehaltige Marinade ein, weichen die kalkhaltigen Gräten zusätzlich auf und sind beim Essen fast nicht mehr zu spüren. Bei Filets kann diese Prozedur ebenfalls eingesetzt werden. Dann sollte aber von der Fleischseite zur Haut hin eingeschnitten werden, die dazu dient, das Filet zusammenzuhalten.

ES WIRD HEISS! BRATEN, KOCHEN, DÜNSTEN

Davon gibt es in der Küche fast immer ausreichend: Hitze! Um uns herum sowieso, in uns selbst kann sie irgendwann ebenfalls aufsteigen und in Ofen, Töpfen und Pfannen brauchen wir sie eben zum Garen. „Die Dosis macht das Gift" das gilt auch (und vor allem) bei der Hitzeeinwirkung in unseren Töpfen. Kein Gemüse, keine Kartoffeln, kein Reis und keine Nudeln müssen wie Wäsche vor sich hin kochen. Ein leichtes Köcheln reicht nicht nur aus, es spart zusätzlich Energie und gart unser Lebensmittel viel schonender. Nicht umsonst besitzen die kleinen lustigen Drehknöpfe an der Vorderseite des Herdes aufsteigend angeordnete Ziffern – die Konstrukteure haben sich was dabei gedacht und das gute Stück so entwickelt, dass man damit die Hitzezufuhr steuern kann. Sowas. Spaß beiseite, Sie wissen, worauf wir hinaus wollen. Je schonender wir garen, desto besser ist das Essen verdaulich, desto gleichmäßiger gart es durch und desto schmackhafter kommt es auf den Tisch. Im Kapitel „Die Hardware" haben wir gesagt, dass Eiweiß ab 62 Grad Celsius zu stocken beginnt. Mehr benötigen wir theoretisch nicht, um unseren Fisch zu garen. Bis der Fisch „durch" ist, würde es bei dieser Temperatur natürlich seine Zeit dauern, deshalb erhöhen wir die Hitze. Ein wenig. Bitte nicht verzehnfachen! Und genau das ist der Punkt, bei dem viel falsch gemacht wird. Wenn wir unseren Fisch braten, wollen wir ihn durch die entstehenden Röststoffe aufwerten, keine Frage. Das bedeutet aber nicht gleich, dass wir die Temperaturregler voll aufdrehen müssen, bis es nur so brutzelt, schmurgelt und zischt. Braten wir den Fisch in Butter, wird die innerhalb von wenigen Minuten schwarz und „versorgt" den kostbaren Fisch mit viel zu vielen Bitterstoffen. Nicht lecker. Von der (schlechten) Verdaulichkeit fangen wir gar nicht erst an – da liegt das Seelachsfilet bald schwer wie ein Brikett im Magen. Gut, nun können wir dem Ganzen ein Schnippchen schlagen und braten den Fisch einfach in Öl, schließlich neigt das nicht so schnell zum Verbrennen. In Sachen Geschmack haben wir dann aber auch nicht viel gewonnen, da der Fisch aufgrund der viel zu starken Hitze im Handumdrehen trocken wird. Das geht besser – nicht nur besserwisserisch! Gleiches gilt für den Backofen. Hier kennen viele ebenfalls nur „volle Pulle" am Regler und heizen den Backofen auf ungemütliche 250 Grad. Trockener Fisch ist damit vorprogrammiert. Wenn wir mit einem so empfindlichen Lebensmittel wie Fisch umgehen, müssen wir uns also die Samthandschuhe überziehen – und die Ohren aufsperren! Hitze, ganz besonders zu viel davon, können wir nämlich hören. Ein bisschen knisterndes Brutzeln ist in Ordnung, lautes Prasseln und Schmurgeln, vermutlich noch mit aufsteigenden weißen Dampfwölkchen gepaart, ist eindeutig kein gutes Zeichen – ein lauter Hilfeschrei unseres kostbaren Fischfilets: „Ich bin ein Star, hol mich hier raus!"

DIE GARVERFAHREN

Die wertvollen Inhaltsstoffe bleiben bei schonenden Zubereitungsmethoden am besten erhalten. Dazu eignen sich „feuchte" Garverfahren wie z.B. Dünsten, Kochen oder Pochieren am besten. Mit „trockenen" Garmethoden wie Grillen, Backen, Braten und Frittieren zubereitet, schmeckt vielen der Fisch zwar besser, bei zu großer Hitze können aber die wertvollen Inhaltsstoffe im Fisch zerstört werden. Doch was verbirgt sich eigentlich hinter diesen Begriffen? Die folgende Tabelle gibt eine Übersicht.

Dünsten	Garen in eigenem Saft oder mit wenig Flüssigkeitszufuhr bei gleichbleibender Temperatur über dem Siedepunkt. Das Kochgefäß ist abgedeckt.
Kochen	Garen in (leicht) kochendem Wasser. Wichtig: So viel Flüssigkeit wie nötig, so wenig wie möglich verwenden, sonst schmeckt das Wasser nach Fisch und der Fisch nach Wasser. Das Wasser gut salzen.
Dämpfen	Garen in Wasserdampf. Der Fisch wird getrennt von der Flüssigkeit gegart.
Pochieren	Langsames Garziehen in Flüssigkeit unter dem Siedepunkt. Das Wasser gut salzen und für den Geschmack eventuell Gemüse zugeben.
Garen in Alufolie	Der Fisch wird mit wenig Flüssigkeit und Gewürzen (eventuell etwas geschnittenem Gemüse) in Alufolie eingewickelt und im Backofen oder auf dem Grill gegart. Entspricht dem Dünsten.
Schmoren	Kombiniertes Garverfahren aus Braten und Dünsten. Der Fisch wird zunächst angebraten, dann mit Flüssigkeit angegossen und darin gar gedünstet.
Braten	Garen bei hoher Temperatur (Unterhitze, über 200 Grad) in einem offenen Gefäß. Nur wenig Fett verwenden und die Hautseite des Fisches zuerst braten. Den Fisch so wenig wie möglich wenden.
Frittieren (Backen)	Schwimmendes Garen in heißem Fett bei Temperaturen über 180 Grad. Wichtig: Den Fisch nur in heißes Fett geben, damit er knusprig wird.
Grillen	Garen in trockener Luft (Strahlungswärme) bei Temperaturen um 250 Grad.
Sautieren	Garen von kleingeschnittenem Fisch in offenem Gefäß bei niedrigen Temperaturen um 160 Grad unter Zugabe von wenig Fett. Die Fischstücke regelmäßig Schwenken.
Räuchern	Garen im Räucherofen – siehe folgendes Kapitel

RÄUCHERN – HEISSE ÖFEN!

Gutes noch besser machen – so könnte man das Räuchern (nicht nur) von Fisch bezeichnen. Nicht umsonst spricht der Fachmann vom Veredelungsvorgang, wenn die Flossenträger goldgelb aus dem Räucherofen geholt werden. Jeder Räuchermeister hat seine kleinen Kniffe und Tricks, mit denen er dem Fisch eine unverwechselbare Note einhauchen möchte. Wir sollten das Ganze aber nicht allzu wissenschaftlich betrachten. Denn: beachten wir die wichtigsten Grundlagen, zaubert auch der Laie spielend schmackhaften Räucherfisch auf die kalte Platte. Bevor die Fische in den Rauch kommen, müssen sie gut vorbereitet werden. Und das fängt schon beim Schlachten an. Da die Fische häufig als Ganzes auf den Teller kommen, reinigen wir die Bauchhöhle penibel und entfernen selbst die kleinsten Rückstände der Innereien, insbesondere der Niere. Mit einer kleinen aber kräftigen Bürste geht das am besten. Danach werden die Fische für mindestens eine Stunde in (kaltem) Wasser eingelegt. Ein toller Trick, den nicht jeder kennt und den wir uns bei einem Fachmann der Fischerei-Reese im schleswig-holsteinischen Saarlhusen abgeguckt haben. Diese Prozedur trägt maßgeblich dazu bei, dass die Fische später ihre appetitliche goldgelbe Farbe erhalten, wenn sie aus der Räuchertonne kommen. Nur bei Aalen bringt der Vorgang nichts, die werden immer dunkel. Weiter geht's: Jetzt ist das Salzen an der Reihe. Dafür werden die Fische in einer Salzlake, also einem Gemisch aus Wasser und Salz,
eingelegt. Generationen von Anglern kennen diesbezüglich den „Kartoffeltrick". Eine halbierte Kartoffel wird ins Wasser gelegt und dann so lange Salz eingerührt, bis sie beginnt aufzutreiben. Jetzt hat die Lake einen Salzgehalt von etwa 20 Prozent. So wird es seit Jahren von vielen Anglern gemacht, trotzdem lehnen Profis diese Methode aus zwei Gründen ab. Schließlich können wir mit Waage und Litermaß genauso gut (und schneller) den Salzgehalt bestimmen. Der Hauptgrund ist aber ein anderer: Wer seine Fische in eine mit sechs bis zehn Prozent deutlich schwächer gesalzene Lake, dafür aber die doppelte Zeit, einlegt, erhält eine gleichmäßigere Würzung. Eine Dauer von 14 bis 16 Stunden (je nach Fischgröße) ist zum Durchziehen lassen ideal. Wer mag, kann der Lake oder später den Räucherspänen noch Gewürze in Form von Wacholder, Lorbeerblättern, Thymian, Salbei und so weiter beifügen. Klar ist aber auch, dass mit jedem weiteren Gewürz der typische Eigengeschmack des Fisches verfälscht wird. Jeder wie er mag, schließlich lässt sich über Geschmack nicht streiten. Sind die Fische gleichmäßig durchgezogen, werden sie auch schon auf Räucherhaken oder -stangen gesteckt. Für welche der beiden Varianten Sie sich entscheiden, ist gar nicht ausschlaggebend. Dass die Fische beim Räuchervorgang abfallen, hat fast immer einen anderen Grund: zu viel Hitze! Die sorgt für einen stärkeren Fettaustritt und viel zu schnellem Garen, so dass unser mühsam gefangener Fisch in die Glut fällt.

KNIFF MIT PFIFF: Geräucherte Saiblinge neigen aufgrund ihres hohen Fettgehaltes ganz besonders dazu, zu weich zu werden. Wenn wir sie vor dem Räuchern einmal kurz komplett durchfrosten und wieder auftauen, werden sie etwas fester und fallen nicht so rasch von der Stange.

TEMPERATUR & ZEIT

Vor dem eigentlichen Räuchervorgang werden nun die Fische bei offenem Erlen- oder Buchenholzfeuer und einer Temperatur von etwa 70 bis 90 Grad getrocknet. Je nach Größe der Fische sollten dafür 30 bis 90 Minuten eingeplant werden. Haben Sie unterschiedliche Fische, beginnen Sie bestenfalls mit den größeren und hängen nach Größe geordnet die kleineren zeitversetzt dazu. Bei zu knapp bemessener Trocknungszeit bleibt die Haut weich und die Fische drohen beim Räuchern abzufallen. Jetzt wird das Räucherbett vorbereitet: Dafür werden die Holzscheite ohne Lücken nebeneinander gelegt und mit leicht angefeuchteten Buchenspänen (rund zwei Millimeter im Durchmesser) abgedeckt. Auf diese Weise können die Flammen nicht „durchbrennen", das Räucherbett brennt kontrolliert ab und die wichtige Rauchentwicklung ist ebenfalls besser. An dieser Stelle gibt es von uns Autoren einen Kontrollbefehl! Die Temperatur sollte beim Räuchern idealerweise bei 70 bis 75 Grad liegen. Wenn wir das nicht immer wieder kontrollieren und gegebenenfalls regulierend eingreifen, geht schnell was schief. Ja, Räuchern kostet Zeit und die müssen wir uns auch nehmen. Der gute Geschmack unseres Räucherguts ist aber jede Minute wert! Worauf wir ebenfalls achten müssen: Damit die Fische dem Rauch gleichmäßig ausgesetzt sind, drehen wir immer wieder das Räu-

chergestell oder stecken die Fische um. So klein die Räuchertonne auch sein mag, die Rauchverteilung ist nicht an allen Stellen gleich. Apropos Rauch: Bei Verwendung von harzigem Nadelholz erhalten Sie dunkle und selten goldgelb geräucherte Fische. Ersparen wir uns das.
Nach rund drei Stunden ist der Fisch fertig. Als verlässlichste Methode zur Überprüfung, ob der Fisch fertig ist, gilt der Rückenflossen-Trick: Lässt sie sich ohne Kraftaufwendung herausziehen, können wir den Fisch bei Raumtemperatur abkühlen lassen und lagern ihn anschließend im Kühlschrank. Jetzt ist er für etwa 10 Tage haltbar – wenn er so lange hält. Denn frischer Räucherfisch ist eine Delikatesse. Das wissen wir, das wissen unsere Freunde und Verwandten, und das wissen die Nachbarn. Alle zusammen werden schon dafür sorgen, dass der Kühlschrank in kürzester Zeit leergefegt ist!

Brennt das Räucherbett kontrolliert ab, erzielen wir die beste Rauchentwicklung. ▶

MIT WISSEN ZUM LECKERBISSEN: Tischlein deck dich! Wem das alles zu viel Aufwand ist, aber trotzdem nicht auf selbst geräucherten Fisch verzichten mag, kann vielleicht nicht unbedingt die komplette Sippschaft mit Räucherware versorgen, aber dennoch mit wenig Aufwand für den Eigenbedarf sorgen – mit einem Tischräucherofen.

Eine praktische Erfindung, mit der sich ohne viel Budenzauber innerhalb von einem halben Stündchen einige Portionen feinster Räucherfisch produzieren lassen. Mehr als vier kleine Forellen passen zwar nicht in den kleinen Veredelungsofen, aber hier geht es um Klasse, nicht um Masse. Und: Selbst in der kleinsten Küche können wir damit den Räuchermeister mimen.

Beim Einlegen ändert sich nichts, beim Trocknen der Fische können wir großzügig mit dem Fön oder im Backofen nachhelfen. Räucherspäne in den Ofen geben, den trockenen Fisch aufs Gitter legen, die mitgelieferten Spiritusbrenner entzünden, Deckel mit geöffnetem Schieberegler drauf und den nach etwa drei Minuten schließen – fertig nach 15 bis 20 Minuten. Einfach einfach!

MY CAMP IS MY CASTLE - KOCHEN IN FREIER NATUR

Kochen in der luxuriös ausgestatteten Küche mit Gewürz-regal, allerlei Equipment und vollautomatischer Spülma-schine macht reichlich Laune und wir können unserer Kreativität freien Lauf lassen, einerseits. Andererseits ist das absolute Gegenteil davon eine echte Herausforde-rung, macht aber nicht weniger Spaß. Gemeint ist die

Zubereitung in freier Natur, am Ufer unserer Gewässer. Da, wo der Fisch direkt aus dem Wasser ins Feuer kommt. Ursprünglicher geht es kaum, hier können wir noch mal so richtig Mann sein! Grillen als Statussymbol – Jawohl! Und schließlich ist Grillen ja auch irgendwie sexy!

GAREN ÜBER DER GLUT

Ob wir unser Feuerholz im Wald suchen und den ersten Funken mit selbst gesammelten Feuersteinen erzeugen, oder ob wir Kohlebriketts samt Grillanzünder vom Discounter kaufen, ist jedem selbst überlassen. Wir legen unser Hauptaugenmerk auf die Zubereitung und da sind aufgrund der eingeschränkten Möglichkeiten schon ausreichend Schikanen eingebaut. Zunächst einmal: Mehr als Messer und Fischbräter, Salz und Alufolie brauchen wir eigentlich nicht. Das Schneidebrett, Essbesteck und ein paar zusätzliche Gewürze gelten schon als Luxus. Der Fischbräter lässt sich zur Aufnahme ganzer Fische oder Filets verwenden. Besonderer Clou: Der Fisch muss zum Wenden nicht berührt werden und kann unkompliziert von beiden Seiten über der Glut gegart werden – so droht kein Zerbrechen. Große, quadratische Bräter lassen sich hervorragend auch als Grillrost verwenden. So können wir unseren Fisch mit einem Schuss Wasser, etwas Salz und vorhandenen Gewürzen in Alufolie einwickeln und auf dem Rost schonend garen. Ihnen fehlt die Beilage? Na, dann nehmen Sie doch eine Handvoll in Alufolie eingewickelte Kartoffeln mit ans Wasser und legen diese – je nach Größe – für 15 bis 45 Minuten in die Glut. Zur Garprobe stechen Sie einfach mit der Messerspitze durch die Folie. Wenn sich das Messer leicht herausziehen lässt, ist die Kartoffel gar. Was sich hier als puristisch anmutendes Mahl präsentiert und beim Lesen eher an einen militärischen Survival-Kurs mit Überlebensübung erinnert, entpuppte sich nach einen langen Angeltag für viele schon häufig als: „...das Beste, was ich je gegessen habe!" Wenn Ihnen das trotzdem zuviel Verzicht ist, können wir uns ja auf ein gesundes Mittelmaß einigen: Wenn wir uns einen kleinen Gaskocher (vielleicht sogar einen zweiflammigen Campingkocher) erlauben und dazu noch ein wenig Geschirr, Gewürze und Gemüse einpacken, können wir es schon fast mit den Möglichkeiten in Omas Haushaltsküche aufnehmen. Trotzdem steht und fällt das Kochen, Grillen und Braten in freier Natur immer auch mit unserem Improvisationstalent. Gehen Sie überlegt vor und garen die Zutaten möglichst nacheinander in der Reihenfolge der jeweiligen Garzeit. Gerichte wie Gemüsepfannen, (Fisch-)Ragouts oder Eintöpfe drängen sich geradezu auf, weil sie in nur einem Gefäß zubereitet und serviert werden können. Womit wir gleichzeitig geklärt haben, woher der Eintopf seinen Namen hat: ein Topf! Küchenklassiker wie Paella, Fischsuppen, Ratatouille oder Nudelpfannen – sie alle kommen bei der Zubereitung mit nur einem Topf aus.

DER ABWASCH - EIN GUTES MAHL LOHNT MÜH' UND QUAL

Wer gerne längere Zeit am Wasser verbringt und nicht auf eine warme Mahlzeit verzichten mag, kommt am Kochen also nicht vorbei. Obwohl wir die Vorbereitung für ein leckeres Gericht eigentlich selten als Last empfunden haben, ist die Nachbereitung nicht ohne: Abwaschen ist fürchterlich. Gelegentlich nimmt uns den ja einer unserer Gäste ab. „Du hast gekocht, ich spüle das Geschirr!" Puh, Glück gehabt! Wenn wir auf dieses Angebot allerdings vergeblich hoffen, müssen wir selber ran. Und was zu Hause die Spülmaschine übernimmt, wird am Wasser zur Kampfansage. Denn aus Umweltschutzgründen verzichten wir beim Angeln natürlich auf Spülmittel. Genauer: auf chemische(!) Spülmittel. Die Natur hat für uns glücklicherweise ihr ganz eigenes Spülprogramm parat – ohne Zusätze, aber mit Vorspülen, Hauptwaschgang und Trockenfunktion. Und so geht's: Nach dem Essen legen wir das komplette Geschirr etwas abseits ins flache Uferwasser und lassen es von den leichten Wellenbewegungen vorspülen. Da für die nächsten Stunden kaum mit knurrendem Magen zu rechnen ist, lassen wir „Pütt und Pann" dort für einige Stunden oder gleich die ganze Nacht stehen. Jetzt kommt der Hauptwaschgang – mit Sand als natürlichem Spülmittel. Bitte nicht gleich die Nase rümpfen. Mit Sand zu waschen, war bis ins 19. Jahrhundert hierzulande gängige Praxis. Nicht nur Geschirr,

auch die Kleidung. Feuchter Sand eignet sich hervorragend, um Angebranntes mit den Fingern vom Topfboden zu schrubben. Gleichzeitig werden die Fettreste gebunden. Wiederholt man den Vorgang zwei bis drei Mal, ist der Topf blitzblank sauber. Aber auch Bestecke, Teller und Schüsseln waschen wir mit dem natürlichen und unendlich verfügbaren Natur-Reiniger. Zwar wird er an unseren Angelgewässern nur in den seltensten Fällen die helle Farbe eines durchschnittlichen Postkarten-Sandstrandes besitzen, aber das macht nichts. Auch mit dem dunklen, zunächst unappetitlich wirkenden Substrat bekommen Sie Ihr Geschirr sauber. Und nein, ein paar anhaftende Grashalme sind nicht weiter schlimm. Nach der „Hauptwäsche" spülen wir sowieso noch mal alles im Uferwasser ab. Und die Trocknung geschieht dann wieder Vollautomatisch: Das erledigt der Wind. Praktisch, oder?

Noch ein letzter Tipp: Die vorgestellte Methode eignet sich für (fast) alle Materialien – von A wie Aluminium bis Z wie Zedernholz. Nur bei beschichtetem Kochgeschirr müssen Sie auf die natürliche Outdoor-Spülung verzichten: T wie Teflon. Der Sand würde den kostbaren Anti-Haft-Überzug wie Schmirgelpapier von der Oberfläche reiben.

LIZENZ ZUM KOCHEN

Wir hatten es bereits erwähnt, sagen es aber gerne noch einmal: Eine reine Rezeptsammlung sollte dieses Kochbuch niemals werden. Zu eintönig, zu wenig Raum für kreative Ansätze, zu wenig Hintergrundinformationen. Nur: Ganz ohne geht's natürlich auch nicht! Und deshalb haben wir uns entschieden, mit über 50 Seiten rund ein Drittel des Inhaltes für verschiedene Rezeptideen zu reservieren. Schnell wurde klar, dass selbst das kaum genug sein wird, um den unterschiedlichen Kriterien gerecht zu werden. Rezepte für sowohl Süß- als auch Salzwasserfische sollten Eingang finden. Die einzelnen Zubereitungen müssen zusätzlich verschiedene Schwierigkeitsstufen berücksichtigen. Und natürlich achteten wir darauf, dass unterschiedliche Garmethoden und Zutatenvarianten einbezogen werden. Selbstverständlich lassen sich nicht nur Filetstücke zubereiten, sondern auch Koteletts, Nuggets, Ragouts und, und, und – das behielten wir ebenfalls im Auge. Aber nur 50 Seiten? Viel zu wenig! Wir haben das Platzproblem dahingehend gelöst, dass die Gerichte ausdrücklich nur als Vorschläge, nicht als feststehende Anweisungen oder gar Vorschriften zu verstehen sind. Raffiniert, was? Sie können also nach Belieben Zutaten austauschen, weglassen oder neue hinzuerfinden. Erlaubt ist, was schmeckt! Übrigens: Für die vorgestellte Auswahl der Gerichte zeichnet Claus verantwortlich. Und weil der nicht nur ein großer Praktiker, sondern auch ein kleiner Pedant ist, würde er nie ein Rezept einbringen, das er nicht schon vorab gekocht hätte. Alle hier vorgestellten Zubereitungsmethoden haben also schon mal Claus' Küche verlassen und wurden von seinen Gästen für „saulecker" befunden. Die ungefähre Zubereitungsdauer haben wir zu jedem Gericht vermerkt, die unterschiedlichen Schwierigkeitsgrade aufsteigend von „Smutje" über „Koch" bis „Küchenchef" bezeichnet. Wenn Sie das Buch aber bis hierhin durchgelesen haben, werden Ihnen auch die „Küchenchef-Rezepte" leicht von der Hand gehen. Wetten, dass...!?

BARSCH AUS DEM OFEN IN ZWIEBELSAHNESOSSE

Zutaten für 4 Personen

ca. 1000 g Barschfilets

oder 8 kleine Barsche (Haut abgezogen)

4-5 kleine Zwiebeln oder Schalotten

1 Knoblauchzehe

0,2 l Weißwein

0,5 l Hühnerbrühe oder milden Fischfond

0,4 l Sahne

Mehl

Butter

1 Bund glatte Petersilie

Abrieb von einer Bio-Zitrone

Salz, Pfeffer, Zucker

Zubereitungszeit: 30 Minuten
Schwierigkeitsgrad: Smutje

Zubereitung

Eine feuerfeste Form mit Butter ausstreichen und die Filets (oder ganze Fische ohne Haut) einlegen, alles leicht salzen und pfeffern und mit Zitronenabrieb bestreuen. Kaltstellen. Den Knoblauch in feine Würfel und die Zwiebel in feine Streifen schneiden und in Butter anschwitzen. Etwas Zucker und Salz dazugeben und mit Mehl bestäuben. Gut durchrühren, mit dem Weißwein ablöschen und reduzieren (einkochen) lassen. Mit Brühe und Sahne auffüllen und für zehn Minuten köcheln lassen. Abschmecken. Die Petersilie fein hacken und in die Soße geben, etwas abkühlen lassen. Alles in die Auflaufform über den Fisch gießen und in dem vorgeheizten Ofen bei 160 Grad (Ober- und Unterhitze) für etwa 20 Minuten garen. Mit geriebenem Käse bestreuen. Hier auf die Verwendung einer milden Sorte achten, damit der feine Eigengeschmack des Barsches erhalten bleibt. Als Beilage empfehlen wir Salzkartoffeln oder geschwenkten Butterreis.

Das Rezept lässt sich prima vorbereiten: Die Soße morgens kochen, abkühlen lassen, alles über den Fisch gießen und in den Kühlschrank stellen. Wenn die Gäste eintreffen, in den Ofen damit!

KNIFF MIT PFIFF: Wenn Sie es mal exotisch mögen, können Sie die Soße mit je einem Teelöffel Currypulver und roter Currypaste verrühren, den Weißwein durch Kokosmilch austauschen und Sie erhalten eine tolle Currysahnesoße. Alternativ passen auch andere Fische wie Zander, Forelle und Lachs. Und wenn mal nichts an der Angel hängen geblieben ist, lässt sich der Fisch auch durch angebratene Hühnerbrust oder Truthahnfilets austauschen.

SCHLEIE IM AROMAPAKET

Zutaten für 4 Personen

2 Schleien à 700 g

2 mittelgroße Schalotten

1 bis 2 Zehen Knoblauch

1 Bio-Zitrone

Butter,

etwas Weißwein,

Dill, Schnittlauch, Zitronenbasilikum,

1 Zweig Rosmarin, halbe Vanilleschote,

Chili, Salz, Pfeffer

Aluminiumfolie

Zubereitungszeit: 30 Minuten
Schwierigkeitsgrad: Smutje

Zubereitung

Gesäuberte Schleien jeweils auf ein Stück Alu-Folie legen, außen und innen mit Salz und Pfeffer würzen und den Abrieb der Zitrone auf den Fischen verteilen. Den Rest der Zitrone in Scheiben schneiden und gemeinsam mit den Kräutern sowie einem Esslöffel Butter, dem Knoblauch (im Ganzen), grob gehackten Schalotten, einem Stückchen Chili und der Vanille in die Bauchhöhle legen. Jetzt mit dem Weißwein übergießen und die Folie sorgfältig schließen. Das Paket für etwa 25 Minuten in den vorgeheizten Backofen (180 Grad) auf die mittlere Schiene legen. Zur Kontrolle des Garpunktes das Päckchen oben leicht öffnen und die Rückenflosse rausziehen. Dies sollte ganz leicht gehen, dann ist der Fisch gar. Bei Bedarf einfach noch ein paar Minuten im Ofen nachgaren lassen. Ein Stück frisches Brot dazu und genießen!

Probiert das Rezept mal mit einem selbst gefangenen Wolfsbarsch aus – lecker! Zur Grillzeit ist das Aromapaket das ultimative Fischgericht und kann prima vorbereitet werden. Sind die Gäste da, raus aus dem Kühlschrank und direkt auf den Grill! Einfacher und schneller geht's kaum.

MARÄNENFILETS GEBRATEN AUF ZUCCHINI-CARPACCIO

Zutaten für 4 Personen

ca. 1000 g Maränenfilets mit Haut

4 mittelgroße Zucchinis

1 Bio-Zitrone oder Limette

2 Knoblauchzehen, Olivenöl, Balsamico-Essig, etwas Thymian

1 Zweig Rosmarin

Mehl

Öl zum Braten

Butter

Zucker, Salz, Pfeffer

Zubereitungszeit: 25 Minuten
Schwierigkeitsgrad: Smutje

Zubereitung

Carpaccio: Die Zucchinis gründlich waschen und in dünne Scheiben schneiden (mit dem Küchenhobel geht's ganz fix). Die Scheiben auf vier Tellern gleichmäßig im Kreis aneinander legen. Mit Salz und Pfeffer würzen und mit ein wenig gehacktem Thymian bestreuen. Den Knoblauch in feine Würfel schneiden und zusammen mit Olivenöl, Abrieb und Saft der Limette, sowie mit zwei Esslöffeln Balsamico-Essig und etwas Zucker vermischen. Die Marinade auf den Zucchinischeiben gleichmäßig verteilen und etwas einziehen lassen. **Fisch:** Die Maränenfilets von beiden Seiten mit Salz und Pfeffer würzen und in Mehl wenden. Auf der Hautseite mit wenig Öl knusprig anbraten und wenden. Butter und grob gehackten Rosmarin dazugeben und ohne Hitze nachziehen lassen. Dabei immer wieder mit der geschmolzenen Butter übergießen. Dann auf dem Zucchini-Carpaccio anrichten. Als Beilage ist knuspriges Bruschetta nicht zu toppen! Saibling, Zander, Fluss- oder Wolfsbarsch - diese Fische sind mehr als nur Ersatz für dieses Rezept und passen genauso gut. **Geheimtipp:** frisch geräucherte Forellenfilets. Für Freunde der Fleischeslust empfehlen wir gebratene Lammkoteletts.

◄ 60-Sekunden-Knoblauchpaste: Salz und zerkleinerten Knoblauch unter kräftigem Druck mit der Klinge zerreiben.

KNIFF MIT PFIFF: Die 60-Sekunden-Knoblauchpaste: Wem die feinen Knoblauchwürfel zu kräftig im Geschmack sind, der kann in Sekundenschnelle eine feine Knoblauchpaste selbst herstellen: Knoblauch grob hacken, mit einer guten Portion Salz bestreuen und nun alles unter kräftigem Druck mit der flachen Seite des Messers zerreiben. Haben Sie diesen Vorgang einige Male wiederholt, erhalten Sie Ihre eigene Knoblauchpaste. Aber Vorsicht beim Würzen – bedenken Sie den Salzanteil in der Paste!

KARPFENSPIESSE ASIA

Zutaten für 4 Personen

1000 g Karpfenfilet

2 Bio-Orangen

3 Zwiebeln

1 rote und gelbe Paprika

Sweet-Chili-Soße für Chicken (gibt es in

jedem Supermarkt)

Sojasoße, Speiseöl, Chili,

frischen Ingwer, Currypulver

Speisestärke, Zucker

Salz, Pfeffer

Zubereitungszeit: 30 Minuten

Schwierigkeitsgrad: Koch

Zubereitung

Fisch: Eine verschließbare Plastikdose mit etwas Öl auf-füllen, eine Prise Salz, Zucker, etwas Pfeffer, zwei Esslöffel Speisestärke, sechs bis acht Scheiben Ingwer, Currypulver, zwei Esslöffel Sojasoße, sowie die Sweet-Chili-Soße da-zugeben. Mit einem Schneebesen glattrühren. Ein paar Stücke Chili für die Schärfe und den Saft und Abrieb einer halben Orange dazugeben. Die andere Hälfte der Oran-ge in kleine Stücke schneiden und ebenfalls hinzufügen. Alles gut durchrühren. Das Karpfenfilet in mundgerech-te Stücke schneiden und in der Marinade einlegen. Eine Nacht im Kühlschrank zugedeckt durchziehen lassen.

Spieße: Die Paprika und Zwiebel in gleich große Stücke schneiden und jeweils ein Stück Karpfen und Gemüse nacheinander auf einen Holz- oder Metallspieß stecken. Die Spieße in einer Grillpfanne von allen Seiten scharf anbraten, dann für etwa fünf Minuten ohne Hitzezufuhr in der Pfanne ruhen lassen – perfekt (nicht nur) für die Grillsaison. Reis oder Thainudeln sind die perfekten Bei-lagen.

Tipp für unsere Fleischesser: Nehmen Sie statt des Karpfens, einfach Hähnchen- oder Putenbrust. Da-mit räumen Sie auf jeder Grillparty richtig ab! Auch das Gemüse kann selbstverständlich beliebig ausgetauscht werden.

LACHS IN OLIVENÖL GEGART

Zutaten für 4 Personen

1000 g Lachsfilet ohne Haut

4 Zweige Rosmarin und Thymian

6-8 Knoblauchzehen

1 Lorbeerblatt

Orangenschale (unbehandelt)

2 Teelöffel Anissamen

bunter Pfeffer und Chili-Vanillesalz

500 ml Olivenöl

Zubereitungszeit: 70 Minuten

Schwierigkeitsgrad: Küchenchef

Zubereitung

Das Olivenöl zusammen mit den Kräutern, dem grob zerkleinerten Knoblauch, den Anissamen, Orangenschale und dem Lorbeerblatt in eine Auflaufform geben und im Ofen bei rund 100 Grad für 30 Minuten erhitzen. Die Filets von beiden Seiten leicht mit bunten Pfeffer und Chili-Vanillesalz würzen und jetzt in das erhitzte Olivenöl legen. Die Filets sollten vollständig mit Öl bedeckt sein. Das Ganze bleibt für etwa zehn Minuten im Ofen, dann ausschalten und für weitere 30 Minuten bei geöffneter Ofentür ziehen lassen. Bratkartoffeln sind die passende Beilage.

Übrigens: Diese Zubereitung im Ofen eignet sich auch für Meerforellen!

KNIFF MIT PFIFF: Nach dem Essen das verwendete Öl abkühlen lassen und in eine Flasche umfüllen. Im Kühlschrank aufbewahrt habt ihr ein super Gewürzöl für weitere Fischgerichte!

KRÄUTERCRÊPES GEFÜLLT MIT RÄUCHERFILETS VON DER FORELLE

Zutaten für 4 Personen

Crêpes:

250 g Mehl

0,5 l Milch

4 Eier

etwa 50 g Butter (geschmolzen)

Rosmarin, Thymian, Dill, Schnittlauch, Salz, Pfeffer, eine Prise Zucker

Füllung:

6 geräucherte Portions-Forellenfilets

2 Becher Frischkäse (à 200 g)

1-2 EL Meerrettich- oder Wasabipaste

Zubereitungszeit: 30 Minuten

Schwierigkeitsgrad: Koch

Zubereitung

Crêpes: Die Kräuter fein schneiden und das Mehl mit Eiern, Gewürzen und der Milch glattrühren. Die geschmolzene Butter dazugeben und salzen. Nochmals durchrühren und den Teig ein wenig ruhen lassen. Eine beschichtete Pfanne erhitzen und eventuell etwas Öl dazugeben. Bei guter Beschichtung reicht die Butter im Teig zum Ausbacken. Eine mittlere Kelle Teig in die Mitte geben und durch kippelnde Bewegungen mit der Pfanne den Teig gleichmäßig verteilen. Möglichst sehr dünne Crêpes ausbacken.

Füllung: Frischkäse, Filets und Meerrettich- oder Wasabipaste mit einer Gabel zerdrücken und vermischen, so dass eine geschmeidige Creme entsteht. Mit Salz und Pfeffer abschmecken. Nun die Crêpes mit der Masse gleichmäßig bestreichen und aufrollen. Als Beilage eignet sich ein knackiger Salat. Statt der Forellenfilets können Sie auch gebeizten oder geräucherten Lachs verwenden. Der wird in feine Scheiben geschnitten und auf die ausgestrichene Frischkäsemasse gelegt, bevor die Crêpes gerollt werden.

Tipp: Die Crêpes und Füllung können schon am Vortag zubereitet werden. Zugedeckt im Kühlschrank aufbewahren. Crêpes in den vorgeheizten Ofen bei 100 Grad für gut 5 Minuten aufwärmen.

◄ Crêpe als warmes Dessert – einfach, schnell und lecker!

KNIFF MIT PFIFF: Der beschriebene Teig eignet sich in abgewandelter Form hervorragend für ein warmes Dessert nach allen Fischgerichten. Statt Kräuter wird ein Päckchen Vanillinzucker sowie der Saft einer halben Orange und ein Schnapsglas Orangenlikör eingerührt. Füllen können wir mit allem, was das Herz begehrt: Schokoladencreme, Marmelade, Orangenfilets, Joghurt mit Honig oder ganz klassisch mit Zimt und Zucker.

GEBRATENE BACHFORELLE MIT ZITRONEN-OLIVENÖLBUTTER

Zutaten für 4 Personen
4 Portions-Bachforellen
2 Knoblauchzehen
1 Bio-Zitrone oder Limette
Olivenöl
200 g Butter
2 Zweige Rosmarin
1 Zweig Thymian
Mehl, Salz, Pfeffer

Zubereitungszeit: 25 Minuten
Schwierigkeitsgrad: Smutje

Zubereitung
Die gesäuberten Fische innen und außen mit Salz und Pfeffer würzen, in Mehl wenden und in der Pfanne von beiden Seiten knusprig anbraten. Warmstellen. Die Butter in einem Topf zum Schmelzen bringen und die fein gehackten Kräuter dazugeben. Abrieb und Saft der Zitrone, sowie sechs Esslöffel Olivenöl mit den gehackten Knoblauchzehen unterrühren, mit Salz und etwas Zucker würzen. Alles über die Forellen gießen und im vorgeheizten Ofen bei 150 Grad (Ober- und Unterhitze) für rund zwölf Minuten nachgaren lassen. Zwischendurch immer wieder mit der überschüssigen, aromatisierten Butter übergießen. Als Beilage empfehlen wir Bratkartoffeln und einen frischen Salat der Saison.

Prima passen auch Maräne, Saibling oder Wolfsbarsch. Und für unsere Fleischfreunde: ein gebratenes Kotelett.

SAIBLING UNTER DER FOLIE GEGART MIT PFANNENGEMÜSE

Zutaten für 4 Personen

4 Saiblingfilets ohne Haut à 250 g

4 Knoblauchzehen

1 Bio-Zitrone

3 mittelgroße Karotten

1 rote Paprika

1 mittelgroße Zucchini

2 Stangen Lauch

Sojasoße

0,2 l Gemüsebrühe

frische Kräuter nach Geschmack

Butter

Salz, Zucker, Pfeffer

Klarsichtfolie

Zubereitungszeit: 30 Minuten
Schwierigkeitsgrad: Koch

Zubereitung

Einen flachen Teller mit der Knoblauchzehe abreiben und mit einer Flocke Butter ausstreichen. Die Filets von beiden Seiten mit Salz und Pfeffer würzen, etwas Abrieb der Zitrone dazugeben, auf den Teller nebeneinander legen und mit Klarsichtfolie luftdicht verschließen. In den vorgeheizten Ofen bei 100 Grad Ober- und Unterhitze für 20 Minuten auf die mittlere Schiene stellen. In der Zwischenzeit das Gemüse in sehr dünne Streifen schneiden. Etwas Öl in die Pfanne (oder Wok) geben und als erstes die Karotten anschwitzen, dann Paprika, Lauch und Zucchini dazugeben und alles mit Salz, Pfeffer, einer Prise Zucker, sowie etwas Sojasoße würzen. Mit Brühe ablöschen und zugedeckt etwa fünf Minuten bei mittlere Hitze schmoren lassen. Das Gemüse sollte noch Biss haben. Die Filets aus dem Ofen nehmen, das Pfannengemüse auf einem flachen Teller anrichten und je ein Filet auf das Gemüse legen. Zum Schluss noch mit etwas Olivenöl beträufeln und je nach Geschmack mit frischen Kräutern bestreuen. Als Beilage empfehlen wir Kartoffelgratin.

Statt Saibling eignen sich Forelle, Lachs, Wolfsbarsch oder alle anderen Fische mit feinem Eigengeschmack ebenso gut.

WELSNUGGETS MIT CURRYDIP

Zutaten für 4 Personen

ca. 1000 g Welsfilet
2 Bio-Orangen
je eine Handvoll Cornflakes und Kartoffelchips
Mehl
2 Eier
1 Becher Crème fraîche
Currypulver
Öl zum Braten
Salz, Pfeffer, eine Prise Zucker

Zubereitungszeit: 30 Minuten
Schwierigkeitsgrad: Smutje

Zubereitung

Das Filet in Wallnuss große Stücke schneiden, mit Salz, Pfeffer und Currypulver würzen und mit dem Saft der Orangen übergießen und im darin marinieren lassen. In der Zwischenzeit die Crème fraîche mit einem Esslöffel Currypulver, etwas Salz und Zucker, sowie etwas Abrieb der Orangen glattrühren und abschmecken. Für die Panade die Cornflakes und Chips in eine Gefriertüte legen und mit einem Nudelholz oder dem Pfannenboden kleinklopfen und in einen tiefen Teller geben. Die Eier verquirlen und die Welsfilets auf Küchenpapier trocken tupfen. Jetzt die Nuggets in Mehl wenden, durch das Ei ziehen und von beiden Seiten mit den Bröseln panieren. In einer Pfanne mit heißem Öl (Rapsöl) oder Frittierfett goldgelb ausbacken. Anschließend auf Küchenpapier abtropfen lassen. Dazu passen super Kartoffelspalten aus dem Backofen.

Versuchen Sie dieses Rezept auch mal mit Rotbarsch oder Seelachs. Falls nichts an der Angel hängen geblieben ist, kaufen Sie beim Metzger Ihres Vertrauens ein Schweineschnitzel.

ZANDERFILET IM KARTOFFELMANTEL AN AUFGESCHÄUMTER PAPRIKASOßE

Zutaten für 4 Personen

4 Zanderfilets ohne Haut à 250 g

6 mittelgroße Kartoffeln

3 rote Paprika

4 Schalotten

Muskatnuss

Speisestärke

0,5 Liter Fischfonds oder Hühnerbrühe

Paprikapulver (edelsüß)

Butter, Butterschmalz

Senf

Salz, Pfeffer

Zubereitungszeit: 35 Minuten
Schwierigkeitsgrad: Küchenchef

Zubereitung

Soße: Schalotten in feine Würfel schneiden und in etwas Butter glasig anschwitzen. Die in grobe Stücke geschnittene Paprika dazugeben und weiter garen. Mit Paprikapulver, Salz, und Pfeffer würzen und mit dem Fischfonds auffüllen. Das Ganze etwa 15 Minuten köcheln lassen, bis die Paprikastücke weich sind. Mit einem Pürierstab mixen. Anschließend durch ein Sieb streichen, um die überschüssigen Hautstückchen zu entfernen. Abschmecken und kurz vor dem Servieren mit einigen kalten Butterflocken nochmals mit dem Pürierstab aufmixen bis die Soße eine schaumige Konsistenz hat.

Zander: Kartoffeln schälen und mit einer Reibe raspeln. Überschüssige Flüssigkeit ausdrücken und die Kartoffelraspel mit Salz, Pfeffer und etwas Muskatnuss würzen. Ein bis zwei gehäufte Esslöffel Speisestärke unterrühren. Den Zander von beiden Seiten salzen und pfeffern und gleichmäßig mit etwas Senf bestreichen. Die Filets mit den Kartoffelraspeln belegen und andrücken. In einer beschichteten Pfanne mit Butterschmalz von beiden Seiten goldgelb braten. Auf Küchenpapier abtropfen lassen. Geschmorte Möhren und Butterreis sind tolle Begleiter. Alternativ können auch Seelachs, Wels oder Dorsch verwendet werden. Die Soße passt auch hervorragend zu Fleisch. Verpassen Sie der Soße gerne auch etwas Chili.

HECHTSTEAKS IM KRÄUTERBAD

Zutaten für 4 Personen

4 Hechtsteaks (etwa 4 Zentimeter dick) à 300 g

150 g Butter

1 Knoblauchzehe

1 Bio-Zitrone

Schnittlauch, Dill, glatte Petersilie, Basilikum,

Rosmarin, Thymian, Chili,

Mehl

Rapsöl zum Braten

Salz und Pfeffer

Zubereitungszeit: 30 Minuten
Schwierigkeitsgrad: Koch

Zubereitung

Die Hechtsteaks von beiden Seiten mit Salz und Pfeffer würzen und in Mehl wenden. Eine beschichtete Pfanne mit einem Esslöffel Rapsöl erhitzen und die Steaks von beiden Seiten anbraten. In der Zwischenzeit die Kräuter mit dem Messer grob zerkleinern, Knoblauch in Scheiben schneiden. Die Kräuter, etwas Chili, Knoblauch, Butter und Abrieb der Zitrone zu den Steaks geben. Mit dem Saft einer halben Zitrone ablöschen und die Hitzezufuhr stoppen. Immer wieder mit der geschmolzenen Butter übergießen und nur noch nachziehen lassen oder im Ofen bei knapp über 60 Grad durchziehen lassen. Ein frischer Salat der Saison rundet das Ganze perfekt ab.

Lachs- oder Meerforellenfilets eignen sich auch hervorragend für dieses Kräuterbad.

MIT WISSEN ZUM LECKERBISSEN: Da Hechtfleisch sehr fettarm ist, wird es sehr schnell trocken. Deshalb ist es besonders wichtig, Hechtfleisch bei wenig Hitze exakt auf den Punkt zu garen. Keine frischen Kräuter im Haus? Eine Kräutermischung aus dem Tiefkühlregal ist ebenso lecker.

FISCHFONDS

Grundlage für jede gute Fischsoße oder -suppe ist ein kräftiger Fonds. Als Fischkoch sind wir den Köchen, die Fleischgerichte zaubern, eine Nasenlänge voraus. Denn während die ihre Rinder- oder Kalbsknochen mehrere Stunden auskochen lassen müssen, um eine kräftige Brühe zu erhalten, ist ein guter Fischfonds schon nach 30 Minuten fertig. Die Zeit nehmen wir uns doch, oder? Schließlich können wir mit einem gehaltvollen Fischfonds als Basis unsere Soßen und Suppen schon fast mit geschlossenen Augen kochen – schmeckt immer. Andere Köche kochen zwar auch nur mit Wasser, aber unseres hat Geschmack! Beachten wir die folgenden kleinen Grundregeln bei der Herstellung des Fonds, sprechen wir Ihnen hiermit sogar eine Geling-Garantie aus – dafür legen wir unsere Ruten ins Feuer!

Also, los geht's:

» Verwenden Sie ausschließlich Fischkarkassen (Gräten) mit weißem Fleisch und keine fetthaltigen Fische wie Makrele, Hering, Karpfen oder Aal. Ansonsten wird der Fond schnell tranig

» Fischköpfe sollten nur verwendet werden, wenn die Kiemen entfernt wurden. Noch besser ist, vollständig auf Köpfe zu verzichten

» Den Fonds immer mit sehr kaltem Wasser ansetzen

» Nachdem der Fondsansatz aufgekocht ist, darf er nur noch ganz leicht ziehen. So bleibt er schön klar. Faustregel: mit Ausnahme von Karotten nur helle Gemüsesorten (Sellerie, Zwiebel, Knoblauch, Lauch, Fenchel...) in den Fond geben und keinen schwarzen Pfeffer. Auf diese Weise erhalten Sie einen hellen Fond, aus dem Sie später eine schneeweiße Fischsoße ziehen können. Auf eine Zutatenliste mit Gewichtsangaben verzichten wir an dieser Stelle bewusst. Der Fonds ist lediglich Grundlage für spätere Soßen und Suppen und es kommt nicht so sehr darauf an, ob Sie eine oder zwei Zwiebeln verwenden, den Lauch weglassen oder sogar etwas mehr nehmen oder ob Sie gerade keinen Weißwein zur Hand haben.

Folgende Zutaten stellen die Grundlage für Ihren Fischfonds dar: Fischkarkassen (weiß), Sellerie, Lauch, Zwiebel (Schalotten), Fenchel, Karotten, Knoblauch, Petersilienstengel, Weißwein, Noilly Prat (französischer Wermut), Salz, weißer Pfeffer (ganz), Lorbeerblätter, Thymianzweig, frischer Ingwer, Nelken (wenig)

Zubereitung: Die Karkassen grob zerkleinern

und mit kaltem Wasser gründlich ausspülen. Gemüse, Zwiebeln und Knoblauch putzen und in grobe Stücke schneiden. Die Gemüsestücke in Olivenöl anschwitzen, die Fischreste dazugeben und ebenfalls kurz mitschwitzen. Mit Weißwein ablöschen (gerne mit bis zu einem Viertel der späteren Fondsmenge) und mit kaltem Wasser auffüllen, bis die Fischkarkassen bedeckt sind. Gewürze und Salz hinzugeben und langsam kurz zum Köcheln bringen. Jetzt die Hitzezufuhr reduzieren und nicht mehr rühren. Der Fonds darf nicht mehr kochen, nur noch leicht simmern, sonst wird er trübe. Nach etwa 20 Minuten den Herd abschalten und etwas später vorsichtig durch ein feines Sieb oder Tuch passieren. Bestenfalls schöpfen Sie den Fonds mit einer großen Kelle durch das Sieb, damit nicht abfallende Fleischreste den Fonds trüben können. (Noch kräftiger wird der Fonds, wenn Sie ihn jetzt um die Hälfte einkochen „reduzieren" lassen. Das dauert zwar seine Zeit, sorgt aber für eine echte Geschmackssensation bei späteren Gerichten). Jetzt kann der Fonds weiterverarbeitet und die überschüssige Menge portioniert und eingefroren werden. Der Qualität tut das keinerlei Abbruch und wir haben immer eine tolle Grundlage für spätere Fischgerichte zur Hand – ohne Konservierungsstoffe und Geschmacksverstärker. Übrigens: Gräten und Karkassen bekommen Sie beim Fischhändler fast immer kostenlos. So können Sie selbst nach Schneider-Angeltagen Ihren Fischfonds für die Zeiten vorbereiten, in denen die Fische wieder an den Haken gehen.

MIT WISSEN ZUM LECKERBISSEN: Viele Köche reiten immer wieder darauf rum: „Ein guter Fischfonds muss so klar wie ein österreichischer Gebirgsbach sein!" Alles richtig. Nur: Selbst wenn der Fonds mal trübe wird, ist das noch lange kein Beinbruch. Er schmeckt ja nicht anders! Für gebundene Soßen und Suppen ist es also unerheblich, ob trüber oder klarer Fonds – das erkennt hinterher kein Mensch mehr. Und bei allen anderen Gerichten bekommen wir dann eben einen kleinen Abzug in der B-Note. Das Auge isst zwar mit, über den Geschmack urteilt aber immer noch der Gaumen! Kein Grund also, sich graue Haare wachsen zu lassen.

DORSCHFILET IM BIERTEIG GEBACKEN MIT ZWEIERLEI DIP

Zutaten für 4 Personen

Fisch in Bierteig:

1000 g Dorschfilet

200 g Mehl

4 Eier

0,25 l Bier (Pils)

1/2 Teelöffel Salz, Pfeffer und eine Prise Zucker

Sojasoße (Teelöffel), Zitronenabrieb

Dips:

2 Becher Crème fraîche

1 rote Paprika

Zitronensaft

Schnittlauch, glatte Petersilie, Dill,

Paprikapulver (edelsüß), Chili, Salz, Pfeffer

Zucker

Zubereitungszeit: 30 Minuten
Schwierigkeitsgrad: Smutje

Zubereitung

Bierteig: Eiweiß und Eigelb trennen. Alle Zutaten (außer das Eiweiß) für den Bierteig in einer Schüssel durchrühren und nach und nach mit Bier angießen, bis ein geschmeidiger Teig entsteht. Eine leicht süßliche Note erhält der Teig durch Verwendung von Malzbier. Eiweiß separat steif schlagen und vorsichtig unter den Teig heben. So erhält der Teig Volumen und wird luftig. **Erster Dip:** Einen Becher Crème fraîche mit den fein gehackten Kräutern, Zitronensaft und Zitronenabrieb verrühren. Eventuell frischen Knoblauch unterrühren. Mit Salz und Pfeffer sowie einer Prise Zucker abschmecken und kühlstellen. **Zweiter Dip:** Paprika waschen, in feine Würfel schneiden und mit der Crème fraîche verrühren. Mit einer Prise Zucker, Salz, Pfeffer und Paprikapulver würzen, ein wenig frische Chili dazugeben und ebenfalls kühlstellen. Den **Dorsch** (alternativ: Rotbarsch oder Seelachs) in grobe Würfel schneiden und in Mehl wenden. In den Teig tunken und direkt in die Fritteuse oder einen Topf mit erhitztem Rapsöl geben. (Die Fischstücke müssen im Fett schwimmen.) Goldgelb ausbacken und anschließend auf Küchenpapier abtropfen lassen und Pellkartoffeln als Beilage reichen.

Lässt sich schon am Vortag vorbereiten und passt auch super zu Grillfleisch.

KNIFF MIT PFIFF: Wichtig bei jeder Art der Zubereitung in der Fritteuse: heißes Fett! Bei (zu) kaltem Fett saugt sich das Gargut damit voll und wird nicht knusprig. Wenn Sie keinen Temperaturfühler besitzen, können Sie die optimale Temperatur ganz leicht feststellen: Tauchen Sie dazu den (trockenen) Holzstiel eines Kochlöffels in das Fett. Sind kleine Bläschen am Stiel zu sehen, ist die richtige Temperatur erreicht.

EINGELEGTER GOURMET BRATHERING

Zutaten für 4 Personen

1000 g Heringsfilet

2-4 Zwiebeln, 2 EL Zucker

1 EL Salz

1 EL Pfefferkörner

8 bis 10 Pimentkörner

1 EL Senfkörner

5 Wacholderbeeren

3 bis 4 Scheiben Ingwer

2 Lorbeerblätter

2 Knoblauchzehen

etwas Chili

0,15 l Balsamico-Essig

je ein Bund frischen Dill und glatte Petersilie

etwas Mehl

1 l Hühner- oder Gemüsebrühe

0,1 l Weißwein

1 Bio-Zitrone

Zubereitungszeit: 30 Minuten
Schwierigkeitsgrad: Koch

Zubereitung

Den Zucker in einem Topf karamellisieren lassen, die in Scheiben geschnittenen Zwiebeln dazugeben und anschwitzen. Mit Essig und Wein ablöschen und etwas einkochen (reduzieren) lassen. Mit Brühe auffüllen und die restlichen Zutaten, bis auf Dill und Petersilie, dazugeben. Bei mäßiger Temperatur etwa 20 bis 30 Minuten köcheln lassen, dann etwas abkühlen lassen (lauwarm) und den Sud in ein verschließbares Gefäß geben. In der Zwischenzeit die Heringsfilets in Mehl wenden und auf der Hautseite knusprig anbraten, umdrehen und kurz nachziehen lassen. Mit etwas Chili-Vanillesalz würzen und die Stücke in den lauwarmen Sud legen. Etwas Abrieb der Zitrone, den gehackten Dill, sowie die Petersilie dazugeben und mindestens einen Tag im Kühlschrank durchziehen lassen. Wichtig: Den Sud mit den eingelegten Heringsfilets etwa eine Stunde vor dem Servieren aus dem Kühlschrank nehmen damit sich das volle Aroma entfalten kann. Bratkartoffeln und ein frisches Bierchen sind die perfekten Beilagen!

Tipp: Auch gebratene Rotaugen oder Forellen lieben dieses Wellness-Bad!

KNIFF MIT PFIFF: Den abgetrockneten Fisch in Mehl zu wenden, hat zwei Gründe: Bei gebratenem Fisch sorgt das Mehl für eine schöne braune Farbe und bildet gleichzeitig eine dünne, leicht knusprige Schicht um den Fisch. Bei Zubereitungsmethoden, in denen der Fisch in einer Teig-, Ei- oder Kartoffelhülle serviert wird, dient das Mehl als „Kleber" zwischen Fischfleisch und der entsprechenden Hülle, die dadurch besser am Fisch haftet. Weniger ist mehr: Nachdem Sie den Fisch in Mehl gewendet haben, das Mehl vor dem nächsten Arbeitsschritt immer gut abklopfen.

FISCHFRIKADELLEN „FISHERMAN"

Zutaten für 4 Personen

1000 g Fischfilet (Karpfen, Brachsen, Dorsch, etc.)

2 Brötchen vom Vortag

4 Knoblauchzehen

6-8 Schalotten

Bio-Zitrone

150 g Frühstücksspeck

4 EL Butterschmalz

1 Bund glatte Petersilie

1 Bund Dill

2 EL Butter

3 Eier

Pankobrösel oder Paniermehl

Salz, Pfeffer, Cayennepfeffer

Zubereitungszeit: 40 Minuten
Schwierigkeitsgrad: Koch

Zubereitung

Brötchen in Milch oder Wasser einweichen. Schalotten und Knoblauch in kleinste Würfel schneiden und in einem EL Butter glasig anschwitzen. Abkühlen lassen. Fischfilets und Speck durch den Fleischwolf drehen, oder in einer Küchenmaschine pürieren. Jetzt die Schalotten und Knoblauch, die fein gehackten Kräuter und das gut ausgedrückte Brötchen, sowie zwei Eigelbe und ein Eiweiß dazugeben. Mit Salz, Pfeffer, Cayennepfeffer, Zitronenabrieb würzen und zum Schluss noch Pankobrösel unterrühren, so dass eine geschmeidige Masse entsteht. Mit nassen Händen Frikadellen formen und von beiden Seiten in Pankomehl wenden. In Butterschmalz goldgelb ausbraten und mit knusprigen Bratkartoffeln genießen.

MIT WISSEN ZUM LECKERBISSEN: Pankobrösel werden hauptsächlich aus Weißbrot ohne Kruste, Weizenmehl, Mais- und Tapiokastärke hergestellt und stammen traditionell aus der japanischen Küche. Diese Brotkrumen sind lockerer und luftiger als Paniermehl und geben dem damit panierten Gargut eine knusprige Hülle. Erhältlich ist die Knusperschicht in den meisten Asialäden.

◄ Gibt eine knusprige Panade: Pankomehl aus dem Asiashop

KNIFF MIT PFIFF: Am besten schmecken die Frikadellen, wenn wir je zur Hälfte See- und Süßwasserfisch verwenden. Den Anteil von Forelle oder Lachs sollten wir gering halten, da die Frikadellen sonst dazu neigen, trocken zu werden. Und noch ein Tipp: Statt Speck eignen sich auch gut 100 Gramm Thüringer Mett in der Masse – gibt neben einem super Geschmack eine perfekte Konsistenz.

FISCHSUPPE KRETA

Zutaten für 4 Personen

450 g Fischfilet (gemischt)

2 Karotten

1 Stange Lauch

2 bis 3 Schalotten

2 Zehen Knoblauch

1 rote Paprika

1 kleine Dose Tomaten in Stückchen

2 mittelgroße Kartoffeln,

Crème fraîche oder Sauerrahm

Pernod

0,6 l Fischfond

0,2 l Weißwein

Olivenöl

Cayennepfeffer

Safran

½ Bund glatte Petersilie

1 Lorbeerblatt

Salz, Pfeffer

Zucker

Zubereitungszeit: 40 Minuten
Schwierigkeitsgrad: Koch

Zubereitung

Schalotten und Knoblauch würfeln und in Olivenöl glasig anschwitzen. Paprika, Möhren, Kartoffeln und Lauch in feine Streifen schneiden, kurz mit anschwitzen, einen Esslöffel Zucker unterrühren und mit dem Weißwein ablöschen. Ein wenig einkochen (reduzieren) lassen. Die Tomaten dazugeben, mit Fischfond auffüllen. Würzen und gut 15 Minuten bei geringer Hitze köcheln lassen. Die Kräuter fein hacken und mit den kleingeschnittenen Fischstücken in die Suppe geben. Jetzt für weitere zehn Minuten ziehen lassen, die Suppe sollte aber nicht mehr kochen. Vor dem Servieren einen Schuss Pernod dazu geben. In tiefen Tellern anrichten und noch einen Esslöffel Crème fraîche oder Sauerrahm in die Mitte geben. Als Beilage ist frisches Baguette-Brot ein leckerer Klassiker.

Tipp: Die Suppe lässt sich prima mit frischen Miesmuscheln und Garnelen aufpeppen.

MEERFORELLENFILET AUF RAHMSAUERKRAUT MIT SOßE VON DREIERLEI SENF

Zutaten für 4 Personen

4 Meerforellenfilets mit Haut à 250 g

1 große Dose Sauerkraut (500 g)

4 Schalotten, Butterschmalz

100 g Butter

0,3 l Weißwein

0,3 l Gemüse- oder Hühnerbrühe

0,3 l flüssige Sahne

Honig

etwas Sauerrahm

Bayerischen-, Dijon- und scharfen Senf

Mehl

1 Bund glatte Petersilie

2 Lorbeerblätter

2 Gewürznelken

Salz, Zucker, Pfeffer

Zubereitungszeit: 50 Minuten

Schwierigkeitsgrad: Küchenchef

Zubereitung

Rahmsauerkraut: Zwei Schalotten fein würfeln und in Butterschmalz glasig anschwitzen. Das Sauerkraut im Küchensieb mit Wasser durchspülen, ausdrücken und dazugeben. Bei wenig Hitze 15 Minuten zugedeckt schmoren lassen, gelegentlich umrühren. Salz, Pfeffer, Lorbeerblätter, Gewürznelken und einen Esslöffel Honig zufügen. Mit einem Teil des Weißweins und der Brühe ablöschen, dann mit der Sahne angießen. 30 Minuten unter gelegentlichem Rühren offen weiter garen. Vor dem Servieren einen Esslöffel Sauerrahm und die fein gehackte Petersilie unterheben. **Soße:** Zwei Schalotten in feine Würfel schneiden, in etwas Butter glasig anschwitzen und einen gehäuften Esslöffel Zucker dazugeben. Mit zwei Esslöffeln Mehl bestäuben, verrühren und mit etwas Weißwein ablöschen. Einkochen lassen und mit der verbliebenen Brühe und etwas Sahne angiessen. Je einen Teelöffel der drei Senfsorten in die Soße geben und abschmecken. Ist die Soße nicht ausreichend gebunden, mit in wenig Wasser aufgelöster Kartoffelstärke nachbinden. **Fisch:** Filets mit Salz und Pfeffer würzen und in Mehl wenden. Mit Butterschmalz auf der Hautseite knusprig anbraten, wenden und Hitzezufuhr nach kurzer Zeit stoppen – kurz ziehen lassen. Auf dem Rahmsauerkraut anrichten und mit Soße nappieren.

KNIFF MIT PFIFF: Bei vielen Zubereitungsarten gehören ein bis zwei Esslöffel Zucker einfach dazu. Den letzten Pfiff können Sie Ihren Gerichten mit karamellisiertem Zucker verpassen. Das geht ganz einfach: Zucker in Pfanne oder Top gegeben und ohne Fett erhitzen. Nach einiger Zeit wird der Zucker flüssig, dann hellbraun – er karamellisiert und entwickelt seinen tollen Geschmack. Jetzt muss rasch abgelöscht werden, denn nach hellbraun kommt sehr schnell dunkelbraun und dann auch schwarz. Nicht erschrecken: Das Ablöschen zischt sehr laut, schließlich hat der karamellisierte Zucker jetzt eine Temperatur von rund 180 Grad.

HERINGSFILETS GEBRATEN AN FRANKFURTER GRÜNER SOßE

Zutaten für 4 Personen

16 Heringsfilet mit Haut

2 kleine Päckchen tiefgekühlte (Frankfurter) Kräuter

4 hart gekochte Eier

250 g Crème fraîche oder Sauerrahm

2 Schalotten

1 Bio- Zitrone

6 EL Essig

0,2 l Öl

1 EL mittelscharfer Senf

Mehl

Butterschmalz zum Braten

Salz, Pfeffer, Zucker

Zubereitungszeit: 30 Minuten

Schwierigkeitsgrad: Koch

Zubereitung

Soße: Die gekochten Eier mit einer Gabel ganz fein zerdrücken oder in der Küchenmaschine zerkleinern. Die Schalotte fein würfeln und alles in einer Schüssel mit Crème fraîche (oder Sauerrahm) verrühren. Etwas Abrieb der Zitrone, Salz, Pfeffer, Zucker und den Senf nach Geschmack dazugeben. Die Kräuter zusammen mit Essig, Öl und Zitronensaft im Mixer pürieren. Sofort mit der Soße gut vermengen und kühl stellen. Vor dem Servieren nochmals abschmecken!

Fisch: Die Heringsfilets mit Salz und Pfeffer würzen und auf der Hautseite mit Mehl bestäuben. Mit Butterschmalz auf der Hautseite anbraten. Ist der Fisch knusprig: wenden und die Hitzezufuhr stoppen. Kurz nachziehen lassen. Auf einem flachen Teller einen Soßenspiegel gießen und die gebratenen Filets mit der Hautseite nach oben darauf anrichten.

Als Beilage eignen sich hervorragend Salz- oder Pellkartoffeln.

MIT WISSEN ZUM LECKERBISSEN: Frankfurter Grüne Soße ist ein hessischer Klassiker und es kursieren Dutzende unterschiedlicher Rezepte, die alle eines gemeinsam haben: Die Verwendung von Kräutern und gekochten Eiern – manchmal auch mit Mayonnaise statt der Eier. Laut Wikipedia gehören die folgenden sieben Kräuter in die Original (!) Frankfurter Grüne Soße: Borretsch, Kerbel, Kresse, Petersilie, Pimpernelle, Sauerampfer und Schnittlauch. Aber was ist schon „Original"? Selbst im hessischen Raum gibt es regionale Unterschiede bei der Zubereitung und den verwendeten Zutaten. Außerdem gibt es Abwandlungen aus der französischen und italienischen Küche. Wie auch immer: Erlaubt ist, was schmeckt!

LENGFISCHFILET UNTER DER SENFKRUSTE

Zutaten für 4 Personen

4 Filets à 250 g
2 Knoblauchzehen
150 g weiche Butter
Paniermehl
glatte Petersilie
4-5 EL körniger Senf
1 EL scharfer Senf
1 EL Honig
Öl zum Braten
Salz, Pfeffer

Zubereitungszeit: 30 Minuten
Schwierigkeitsgrad: Küchenchef

Zubereitung

Senfkruste: Knoblauch in feine Würfel schneiden und mit der weichen Butter, beiden Senfsorten, sowie der gehackten Petersilie, Honig und Paniermehl zu einer geschmeidigen Paste verkneten. Mit Salz und Pfeffer würzen.

Fisch: Die Filets von beiden Seiten mit Salz und Pfeffer würzen und von beiden Seiten goldbraun anbraten. Nun die Filets aus der Pfanne nehmen, auf ein mit Butter bestrichenes Backblech legen und großzügig mit der Senfzubereitung bedecken. Im vorgeheizten Ofen (200 Grad) auf mittlerer Schiene für etwa fünf Minuten mit Oberhitze grillen, bis die Kruste knusprig ist. Ein Kartoffelgratin rundet das Gericht perfekt ab. Alternativ passen auch Dorsch, Seelachs oder Rotbarsch und natürlich viele andere Fische für diese Zubereitungsart.

Besonders lecker ist diese Kruste auch zu Rumpsteak oder Schweinefilet.

PASTA MIT SEETEUFEL AN FRUCHTIG-WÜRZIGER TOMATENSOßE

Zutaten für 4 Personen

1000 g Seeteufelfilet

2 kleine Dosen Tomatenwürfel

3-4 Knoblauchzehen

2 Schalotten oder rote Zwiebeln

Olivenöl

Butter

0,3 l Fischfond oder Gemüsebrühe

frischer Basilikum und etwas glatte Petersilie

500 g Spaghetti

Chili

Salz, Pfeffer, Zucker

Parmesankäse

Zubereitungszeit: 30 Minuten

Schwierigkeitsgrad: Koch

Zubereitung

Die Nudeln im gut gesalzenen Wasser bissfest kochen. In der Zwischenzeit den Seeteufel in grobe Stücke schneiden, mit Salz und Pfeffer würzen, in Mehl wenden und scharf anbraten. Danach warmstellen. Die Pfanne mit Küchenpapier grob auswischen, etwas Olivenöl hineingeben und die in feine Würfel geschnittenen Schalotten und den Knoblauch glasig anschwitzen. Die Tomaten dazugeben, aufkochen lassen und mit Zucker, Salz, Pfeffer und Chili nach Geschmack würzen. Mit der Brühe ablöschen und etwas einkochen lassen – nachschmecken. Jetzt die fein geschnittenen Kräuter zusammen mit dem gebratenen Seeteufel in die Soße geben, kurz nachziehen lassen und eine Flocke Butter unterheben. Die gekochten Nudeln sofort unter die Tomatensoße mischen und auf tiefen Pastatellern anrichten. Mit geriebenem Parmesan bestreuen. Das Ganze schmeckt ebenfalls mit Seelachs, Dorsch, Steinbeißer, Lengfisch, etc. **Tipp:** Selbstverständlich können Sie anstatt Dosentomaten auch frische Tomaten verwenden, die sollten dann aber einen hohen Reifegrad und einen kräftigen Geschmack haben. Wenn Ihr Gemüsehändler die nicht vorrätig hat, sind Dosentomaten schmackhafter als unreife oder wässrige Früchte.

◄ Tomatenhaut nach kurzem Bad im kochenden Wasser abziehen

KNIFF MIT PFIFF: Reife, frische Tomaten sind lecker. Beim Kochvorgang abgelöste Haut kann allerdings beim Essen als störend empfunden werden. Deshalb streichen wir fertige Soßen vor dem Servieren durch ein Sieb oder wir verwenden geschälte Tomaten, wenn wir durch das Passieren ansonsten ungewollt andere kostbare Zutaten (Zwiebeln, Kräuter...) herausfiltern würden. Tomaten lassen sich ganz einfach schälen: Mit einem scharfen Messer den Strunk entfernen und die Tomatenhaut auf der gegenüberliegenden Seite dünn einritzen. Nun für einige Sekunden in kochendes Wasser tauchen, bis die Haut beginnt sich zu lösen. Sofort in kaltem Wasser abschrecken. Haut ablösen.

SASHIMI VOM HEILBUTT

Zutaten für 4 Personen

600 g frisches Heilbuttfilet

1 Bio-Zitrone

Chili-Vanillesalz

3-4 Scheiben frischen Ingwer

0,1 l Sojasoße

Sesamöl (dunkel)

Cayennepfeffer

Schnittlauch

Zucker

Zubereitungszeit: 30 Minuten
Schwierigkeitsgrad: Smutje

Zubereitung

Ingwer in feinste Würfel schneiden und mit Abrieb und Saft der Zitrone, einer Prise Cayennepfeffer, etwa einem Esslöffel Zucker und der Sojasoße verrühren. In einem Topf leicht erwärmen, bis sich der Zucker auflöst. Dann Zu einen Esslöffel Sesamöl zugeben. Das Heilbuttfilet in hauchdünne Scheiben schneiden und auf vier Tellern anrichten. Den Fisch mit einem Hauch Chili-Vanillesalz würzen und gleichmäßig mit der Marinade beträufeln. Zum Schluss mit fein gehackten Schnittlauchröllchen bestreuen.

Tipp: Wildlachs und Wolfsbarsch eignen sich ebenfalls perfekt für dieses Rezept. Ein kleiner Salat als Beilage und Sie haben im Nu eine perfekte Vorspeise.

SCHOLLENFILETS GEDÄMPFT AN MARINIERTEM FLUSSKREBS-SALAT

Zutaten für 4 Personen

1000 g Schollenfilets ohne Haut

2 Päckchen Flusskrebsfleisch (bereits gegart)

Sojasoße

süß-scharfe Thaisoße für Huhn

2 Knoblauchzehen

3-4 Scheiben frischen Ingwer

1 Limette

½ Bund Koriander

½ Bund Schnittlauch

frische Chili

Olivenöl

Salz, Pfeffer, Zucker

Zubereitungszeit: 20 Minuten
Schwierigkeitsgrad: Koch

Zubereitung

Den Knoblauch fein hacken und mit Abrieb und Saft der Limette, zwei Esslöffeln Sojasoße, zwei Esslöffeln Thaisoße, etwas Olivenöl, Chili, dem fein gehackten Ingwer und einer Prise Zucker in einer Schüssel verrühren. Die Kräuter fein hacken und mit dem Krebsfleisch unterheben. Abschmecken. Die Schollenfilets mit Salz und Pfeffer würzen. In den Einsatz eines Dampfgarers legen und knapp zehn Minuten dämpfen. Auf einem Teller anrichten und die Filets mit dem marinierten Krebsfleisch halb bedecken. Dazu passt ein warmer Glasnudelsalat oder frisches Pfannengemüse. Eine Pfanne mit Butter ausstreichen, ein paar feine Zwiebelwürfel einstreuen, Schollenfilets einlegen und mit wenig Fischfond oder Weißwein angießen. Abdecken, Flüssigkeit aufkochen lassen, Hitzezufuhr verringern und die Filets einige Minuten bei Temperaturen um den Siedepunkt garziehen lassen.

Tipp: Probieren Sie doch mal Claus' Surf&Turf-Version. Ein Rumpsteak medium braten, mit dem marinierten Krebsfleisch bedecken, wahlweise Garnelen. Bitte auf Wildfang achten. Garnelen aus Aquakultur sind aufgrund der vielen Chemierückstände nicht zu empfehlen. Angaben über die Herkunft finden Sie auf der Rückseite der Verpackung.

GEBRATENER SEELACHS AUF GELBEM LINSENRISOTTO

Zutaten für 4 Personen

4 Seelachsfilets à 250 g

400 g gelbe Linsen

4 Schalotten

2 Karotten

2 mittlere Stangen Lauch

1 l Rinder- oder Hühnerbrühe

0,2 l Weißwein

Abrieb einer halben Bio-Zitrone

Chili

Butter

Mehl

Butterschmalz

Olivenöl

½ Bund Petersilie

Salz, Pfeffer

Zubereitungszeit: 45 Minuten
Schwierigkeitsgrad: Küchenchef

Zubereitung

Linsenrisotto: Die Schalotten in feine Würfel schneiden und in etwas Butter und Olivenöl glasig anschwitzen. Die in feine Würfel geschnittenen Karotten und Lauch mit etwas Chili dazugeben und ebenfalls anschwitzen. Die Linsen dazugeben, kurz durchrühren und mit Weißwein ablöschen. Ist der Wein eingekocht, mit Brühe auffüllen, so dass die Linsen gerade bedeckt sind. Bei geringer Hitze köcheln lassen und gelegentlich umrühren. Sobald die Flüssigkeit verkocht ist, Vorgang wiederholen bis die Linsen nur noch leichten Biss haben. Dies kann gut 30 Minuten Zeit in Anspruch nehmen. Erst jetzt mit Salz und Pfeffer würzen und eine Flocke Butter, Abrieb der Zitrone, sowie die grob gehackte Petersilie unterheben. **Fisch:** Während die Linsen garen, den Fisch mit Salz und Pfeffer würzen und in Mehl wenden. Von beiden Seiten gleichmäßig in Butterschmalz braten. Die Filets auf einem Spiegel des Linsenrisottos anrichten, mit etwas Petersilie bestreuen und mit Olivenöl beträufeln. Als Beilage eignen sich Ofenkartoffeln mit Rosmarin oder Bratkartoffeln.

Tipp: Das Risotto passt auch zu diversen Fleischsorten wie Schweinefilet. Eine orientalische Note erhält das Risotto durch Zugabe der Gewürzmischung Ras el-Hanout und dem Mark einer Vanilleschote.

STEINBEISSERFILET AUF BÄRLAUCHPESTO

Zutaten für 4 Personen

1000 g Seeteufelfilet

2 kleine Dosen Tomatenwürfel

3-4 Knoblauchzehen

2 Schalotten oder rote Zwiebeln

Olivenöl

Butter

0,3 l Fischfonds oder Gemüsebrühe

frischer Basilikum und etwas glatte Petersilie

500 g Spaghetti

Chili

Salz, Pfeffer, Zucker

Parmesankäse

Zubereitungszeit: 25 Minuten
Schwierigkeitsgrad: Smutje

Zubereitung

Bärlauchpesto: Den Bärlauch gründlich waschen und trockenschleudern dann grob kleinschneiden. Die Pinien- und Kürbiskerne in der Pfanne ohne Fett anrösten. Eine Knoblauchzehe grob hacken und den Käse reiben. Alles zusammen mit dem Bärlauch in einen Mixer geben. Mit Öl auffüllen, etwas Abrieb und Saft der Zitrone, eine Prise Zucker und Salz und Pfeffer dazugeben. Jetzt durchmixen und bei zu fester Konsistenz noch etwas Olivenöl hinzugeben. Abschmecken.

Fisch: Den Fisch mit Salz und Pfeffer würzen, in Mehl wenden und von beiden Seiten goldbraun braten. In der Zwischenzeit vier Scheiben knackiges Bauernbrot im Ofen oder Toaster rösten, die Oberseite mit Knoblauch einreiben, den gegarten Fisch darauflegen und mit einem Esslöffel Pesto übergießen. Mit frischem Feldsalat anrichten. Feine Tomatenwürfel geben einen farblichen Akzent und passen geschmacklich hervorragend.

KNIFF MIT PFIFF: Bereiten Sie doch einfach die doppelte Menge Pesto zu! In einem verschließbaren Glas (im Kühlschrank gelagert) hält sich die leckere Zubereitung für mehrere Monate und kann perfekt als Brotaufstrich oder Dip verwendet werden. Bärlauch ist super gesund und mittlerweile in den meisten Supermärkten zu finden.

THAICURRY VOM SEEFISCH

Zutaten für 4 Personen

1000 g Seefischfilet (Rotbarsch, Wolfbarsch, Seelachs, Seeteufel...)

2 EL Rote Currypaste (in gut sortierten Supermärkten oder Asiashops erhältlich)

2 Zwiebeln

je eine rote und gelbe Paprika

2 Stangen Lauch

2 Karotten

Zitronengras (ersatzweise 1 Bio-Zitrone)

0,5 l Hühnerbrühe oder Fischfonds

1 Dose Kokosmilch (0,25 l)

Sojasoße

Currypulver

Stärke zum Abbinden

Sojaöl zum Anbraten

Salz, Pfeffer

Zubereitungszeit: 30 Minuten
Schwierigkeitsgrad: Koch

Zubereitung

Zwiebeln in feine Würfel schneiden und in wenig Öl glasig anschwitzen. Zitronengras mit dem Messerrücken anschlagen, damit sich die ätherischen Öle besser entfalten können. Vor dem Servieren muss das Zitronengras wieder entfernt werden. Jetzt einen Esslöffel Currypaste und das in feine Streifen geschnittene Gemüse unterrühren und mit Brühe und Kokosmilch auffüllen. Bei geringer Hitze köcheln lassen – das Gemüse sollte bissfest bleiben. Abschmecken und mit in kaltem Wasser gelöster Stärke abbinden. Warmhalten. Den Fisch in Streifen oder Würfel schneiden, mit Salz und Pfeffer würzen und mit Currypulver bestreuen. In einer heißen Pfanne mit wenig Öl scharf anbraten und mit einem Spritzer Sojasoße ablöschen. Die Fischstücke in das Thaicurry geben, vorsichtig unterrühren und für etwa zehn Minuten ohne weitere Hitzezufuhr nachziehen lassen. Perfekte Beilagen sind Basmati- oder Yasminreis.

Dieses Gericht kann man auch prima mit Hähnchenbrust oder Putenfilet zubereiten, dann selbstverständlich ohne Zugabe von Fischfonds. Außerdem eignet sich Thaicurry hervorragend zum Vorbereiten. Die Soße kann am Vortag ohne Zugabe von Fisch gekocht und kaltgestellt werden. Später muss sie nur noch erhitzt und der gebratene Fisch zugegeben werden – clever.

MIT WISSEN ZUM LECKERBISSEN: Wer den original Matjes erfunden hat? Darüber streiten sich die Fischexperten. Die Holländer behaupten, sie waren es. Angeblich soll aber im Mittelalter ein Fischer aus dem damaligen Flandern (heute Belgien) „versehentlich" den ersten Matjes produziert haben. Damals wurden Lebensmittel noch traditionell mit Salz haltbar gemacht. Wohl eher durch Zufall blieben bei den ausgenommenen Heringen unseres Fischers die Bauchspeicheldrüsen in den Fischen. Wie gewohnt legte er die gesalzenen Fische in die Eichenholztonnen. Und nun kamen die protoelytischen Enzyme des kleinen Organs ins Spiel: Die sind, gemeinsam mit dem Salz, nämlich für das unverwechselbare Aroma und den Reifeprozess verantwortlich. Der Matjes war erfunden!

HILFSMITTEL VOM WÜRZ-PROFI

Kochen will gelernt oder zumindest geübt sein, das haben wir längst festgestellt. Aber selbst wenn wir zwei linke Hände besitzen, heißt das noch lange nicht, dass wir keine leckeren Gerichte zaubern können. Die Lösung heißt: Convenience Food. Bevor wir nun aber voreilig ganz etepetete die Nase rümpfen und an „Tüte auf, heiß Wasser drauf!" denken, schauen wir lieber genauer hin.

Übersetzt bedeutet Convenience Food nichts anderes als „bequemes Essen". Tatsächlich gemeint sind aber Lebensmittel, bei denen die Industrie bestimmte Be- oder Verarbeitungsschritte übernommen hat. In Sachen Fisch wollen wir als Angler natürlich alleine ran und unseren Selbstgefangenen, keinen vorgefertigten Fisch in die Pfanne hauen, ist klar. Wenn es aber das Würzen, passende Soßen oder einige komplexe Zubereitungsmethoden betrifft, können wir schon mal auf die helfenden Gewürzmischungen zurückgreifen.

Einer der sich darauf spezialisiert hat, ist Matthias Hoff aus Schleswig-Holstein. Dass die Kocherei mit einfachen, aber guten Würzprodukten in Kombination mit frisch gefangenem Fisch voll im Trend liegt, zeigt der berufliche Erfolg des sympathischen 49-jährigen, der einen gut laufenden Onlineshop für Fischgewürze führt. Sein Motto: „Würzen wie die Profis!" Einfache und schnelle Zubereitungsmethoden stehen nicht nur bei ihm an erster Stelle, sondern auch bei seinen zahlreichen Kunden. Einige Produkte sind echte Renner und werden „Hoffi" fast aus den Händen gerissen. Grund genug, seinen absoluten Topseller hier vorzustellen: Matjes-Gewürz.

Es verwundert nicht, dass ausgerechnet dieses unscheinbare, weiße Pulver so beliebt bei Anglern ist. Denn: Wer Hering fängt, will Hering essen. Der absolute Klassiker ist, neben gebratenem und eingelegtem Hering, eben der Matjes. Die traditionelle Herstellung ist kompliziert: Verwendet werden Sommerfänge, die zu diesem Zeitpunkt den höchsten Fettgehalt und keinen erkennbaren Ansatz von Laich oder Rogen aufweisen. Beim Ausnehmen verbleibt die Bauchspeicheldrüse in den Fischen, deren Enzyme gemeinsam mit Salz für den Reifeprozess verantwortlich sind. Rund fünf bis sieben Tage braucht der Hering, bis er endlich zum echten Matjes gereift ist. So weit die Tradition. Lebensmitteltechnikern ist es indes längst gelungen, die Enzyme durch andere natürliche Stoffe zu ersetzen und dadurch die Reifung auch ohne Bauchspeicheldrüse in Gang zu bringen. Hier schließt sich der Kreis: Darauf setzt auch Gewürz-Profi Matthias Hoff. Auf diese Weise geht's mit drei Tagen nicht nur deutlich schneller als die althergebrachte Zubereitung, gleichzeitig ist die Variante mit Matthias' Matjes-Gewürz geruchlos und gelingt immer. Und so wird's gemacht:

MATJES GANZ FIX

01 Zuerst füllt Matthias das Wasser in den späteren Einlegebehälter. Dafür verwendet der Fachmann die praktischen und geruchssicheren Clip&Close-Frischhaltedosen.

02 Nun wird, streng nach Rezept, das Matjes-Gewürz abgewogen und in das Gefäß gegeben.

03 Mit Speisesalz (je nach gewünschtem Ergebnis) zu einer Lake verrühren oder bei geschlossenem Deckel kräftig schütteln, um alles miteinander zu vermischen.

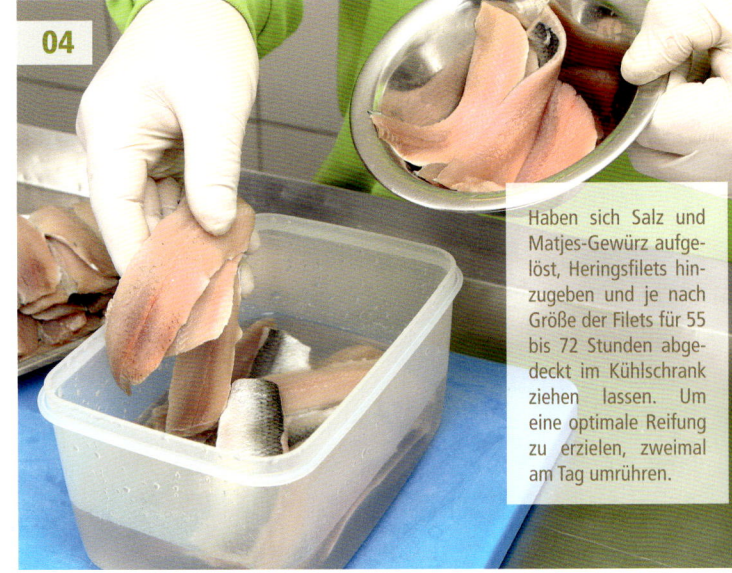

04 Haben sich Salz und Matjes-Gewürz aufgelöst, Heringsfilets hinzugeben und je nach Größe der Filets für 55 bis 72 Stunden abgedeckt im Kühlschrank ziehen lassen. Um eine optimale Reifung zu erzielen, zweimal am Tag umrühren.

05 Nach Ablauf der Reifung ist das Fleisch marzipanfarben und der Sud trüb geworden. Jetzt die Heringsfilets über einem Küchensieb abgießen. und gründlich mit kaltem Wasser abspülen.

06 Danach ziehen Sie die Haut vom Kopfende Richtung Schwanz vorsichtig ab – so zerreißt sie nicht.

07 Die Filets mit Küchenkrepp trockentupfen. Fertig!

08 Mindestens 30 Tage lang bleiben die Matjesfilets haltbar, wenn Sie jetzt in etwas Speiseöl und Zwiebelringen eingelegt werden.

FLAMMLACHS - EINFACHER GEHT ES NICHT

Bleiben wir bei der Bürgerlichen Küche: Nicht immer fangen wir so edle Fischarten wie Forelle, Zander oder Rotbarsch. Für viele Fischverwerter sind aber auch grätenreiche und Nicht-Edelfische eine willkommene Beute. Schließlich gibt es ja die gute Fischfrikadelle. Keine Frage, diese Art der Zubereitung ist äußerst schmackhaft, aber kann man nicht auch mal was anderes auf den Tisch bringen? Man kann! Die Lösung heißt: Fischwürstchen. Wie bei der klassischen Wurstherstellung wird dabei eine geschmeidige Farce hergestellt, für alles weitere hat Matthias Hoff eine Gewürzmischung ins Programm genommen, die gleichzeitig auch für die nötige Bindung sorgt. Mit der Fischfarce vermengt, wird das Ganze in Naturdarm gefüllt und kann gebraten, gegrillt oder geräuchert werden – da muss man erstmal drauf kommen! Kommt man mit Matthias ins Gespräch – und das ist gar nicht so schwer, schließlich ist er auf den meisten Anglermessen in ganz Deutschland anzutreffen – sind schnell seine leuchtenden Augen zu erkennen, wenn er von all seinen Gewürzmischungen und Zubereitungsmethoden erzählt. Ist er irgendwann an einem bestimmten Punkt angelangt, ist die Bezeichnung „leuchtende Augen" allerdings nur noch eine offenkundige Untertreibung. Und das ist immer dann der Fall, wenn es um das traditionelle skandinavische Lachsflammbrett geht. Die Zubereitung auf dem massiven Birkenholz können wir getrost unter der Devise „Jeder kann kochen!" verbuchen. Denn:

Wem einfach nicht einfach genug ist, kommt an dieser Kombination aus Garen und Räuchern am offenen Feuer nicht vorbei. Perfekt für jeden Outdoor-Trip! Und damit wir uns jetzt nicht falsch verstehen: Selbstverständlich darf auch jeder andere Fisch auf dem Lachsflammbrett zubereitet werden. Und wenn jemand so begeistert ist von einer Garmethode, schaut man sich das als Buchautor gerne an. An einem warmen Spätsommertag trafen wir uns mit Matthias Hoff, der bereits alle Vorbereitungen getroffen und seinen großen Kota-Grill bereitgestellt hatte. Nachdem die Holzscheite in der Feuerschale in Flammen aufgingen, filetierte der Gewürz-Profi die große Lachsforelle, bestreute sie mit seinen Gewürzen und klemmte dann die beiden Filets auf je eines der Flammbretter. Mittels Edelstahlhalterung konnte der Fisch nun über dem Feuer fixiert werden. Diese Aktion dauerte: 5 Minuten! Jetzt hatten wir eine gute halbe Stunde Zeit, einen kleinen Salat, Zwiebelringe und den süßen Honig-Senf-Dipp zuzubereiten. Und wenn die Vorbereitung der Forellenfilets schon ganz fix ging, so war die Nachbereitung ebenfalls nur noch ein Klacks. Die Bretter vom Feuer und die Klemmvorrichtung abnehmen waren zwei Handgriffe, das Portionieren der Filets ein dritter – fertig. Zu viel versprochen hatte Hoffi nicht. Soooo lecker!

Flammlachs, Vorbereitungszeit fünf Minuten: Filet würzen, auf dem Brett festklemmen und ► eine gute halbe Stunde über dem offenen Feuer garen.

IN WENIGEN SCHRITTEN ZUR WEINAUSWAHL

Text und Fotos: Lars Berding

„White wine with the fish" - dieser Satz von May Warden aus dem legendären Sketch „Dinner for One – der 90. Geburtstag" schallt alljährlich am Silvesterabend aus den Fernsehern der Republik. Neben unzähligen Lachern werden wir dann nebenbei noch mit der Information versorgt, welche sonstigen Getränke die alte Dame zu dem 4-Gang Menü anlässlich ihres Jahrestages bevorzugt. Nun ist die Schwarzweiß-Produktion von 1963 etwas antiquiert. Auch die Erkenntnis, dass Weißwein das passende Getränk für Fischgerichte ist bzw. sein soll, ist so nicht mehr haltbar und hilft in Anbetracht endlos langer Weinregale und globalem An- und Ausbau süßer bis trockener Tropfen kaum weiter. Jeder, der sich schon einmal in den Weinabteilungen der Verbrauchermärkte verirrt hat, wird dies bestätigen können. Was also muss man beachten, um den passenden Wein zum Fisch zu servieren?

Tipp 01: „Einfache Weine zu leichten Gerichten, kräftige Weine zu würzigen Gerichten."
Der Wein soll nicht das Essen dominieren, und umgekehrt soll der Wein nicht vom Fisch in den Hintergrund gedrängt werden. Dabei sind die unterschiedlichen Fisch- und Zubereitungsarten ebenso entscheidend wie die verwendeten Gewürze und Beilagen. In der Praxis bedeutet das, dass zu einer schonend gedämpften Seezunge ein leichter, unkomplizierter Weißwein passt. Zu würzigen Bratfischgerichten mit kräftigen Beilagen wie Speck, Zwiebeln oder auch zu Räucherfisch sollte der begleitende Wein dann bereits etwas mehr Kraft aufbieten können. Hierzu passen somit kräftigere Weißweine, ein Rosé oder auch leichtere Rotweine. Siehe auch den folgenden Tipp:

Tipp 02: „Immer der Farbe nach!"
Ist der Fisch hell (weiß), schonend gegart und zurückhaltend gewürzt, passt in der Regel auch ein heller, leichter Weißwein perfekt dazu. Ist der Fisch von Haus aus bzw. aufgrund der Zubereitungsart eher von kräftiger, dunklerer Farbe (z.B. beim Grillen, Braten, Räuchern), empfiehlt sich ein ebenso kräftigerer Wein, sprich gehaltvoller Weißwein, Rosé oder sogar Rotwein. In der Praxis bedeutet dies, dass zum pochierten Dorsch eher ein leichter Weißwein passt, zum Lachs und zum goldbraun gebackenen Bratfisch ein kräftigerer Weißwein, leichter Rosé harmonieren wird, und zum tiefroten Thunfisch darf man sogar durchaus zu einem schönen, fruchtigen Roten greifen. Diese wirklich sehr einfache Regel fasst einige sehr komplexe biochemische Erkenntnisse über die Kombination von Wein, Aromen und Fisch zusammen. Grundsätzlich kann dies übrigens auch für Fleischgerichte angewendet werden: Weißwein zum hellen Geflügel, kräftiger Rotwein zum dunklen Wildbraten. Aber auch hier gibt es einige Ausnahmen.

Tipp 03: „Die Temperatur ist entscheidend!"
Egal, welche Qualitätsstufe der Wein hat, welche Rebsorte

Verwendung fand oder aus welcher Anbauregion der Tropfen stammt – Wein muss unbedingt richtig temperiert sein! Nur dann können sich Geschmack und Aromen richtig entfalten. Grundsätzlich gelten folgende Temperaturempfehlungen:

Wein	Temperatur
Sekt/Schaumweine	4 - 8 °C
Einfache, leichte Weißweine	7 - 10 °C
Gehaltvolle, schwere Weißweine	11 - 13 °C
Einfache, leichte Rotweine	13 - 15 °C
Kräftige, fruchtige Rotweine	16 - 18 °C

Die Faustregel, dass man Rotweine bei Zimmertemperatur servieren soll, stammt aus einer Zeit, als es noch keine Zentralheizungen gab, die unsere Heime konstant auf 20°C Temperatur halten. Ebenso kann man den schönsten Weißwein nicht genießen, wenn er zu kalt angeboten wird. Ein Weinthermometer für wenige Euro ist ein sehr hilfreiches Werkzeug.

Tipp 04: „Die richtige Reihenfolge einhalten."

Ist ein mehrgängiges Menü geplant, sollten die Gerichte und damit auch die entsprechenden Weine eine gewisse Reihenfolge einhalten. In der Regel beginnt man das Menü mit einer leichten Vorspeise und steigert sich dann nach und nach zum kräftigen Hauptgang. Idealerweise betrifft das auch die Weinauswahl. Man startet mit einem einfachen, leichten Wein oder auch Sekt (z.B. zu Schalen-/Krustentieren) und steigert sich im Laufe des Menüs in Komplexität (und Qualität) der Weine. Der kräftigste, ausdrucksstärkste Wein sollte dann idealerweise den Hauptgang begleiten. Wird beim Kochen Wein verwendet, sollte derselbe Wein übrigens auch zum Essen serviert werden. Zum Dessert trinkt man, mit ganz wenigen Ausnahmen, keinen Wein.

Tipp 05: „Wein trinkt man besser nicht zu…"

» …Salaten, die mit Essig angemacht sind. Die Säure von Salatdressing und Wein verstärken sich gegenseitig. Das passt nicht zusammen. Zum Salat einfach ein Wasser servieren.

» …Süßspeisen. Lediglich einige Süßweine sind für wenige Desserts geeignet. Wenn es denn unbedingt „geistige" Getränke sein sollen, greift man besser auf z.B. einen Sherry oder Cognac zurück.

» …sehr stark gewürzten, scharfen Gerichten (zum Beispiel Currys). Hier sind nur sehr wenige Weine in der Lage, gegen diese aggressiven Gewürzattacken zu bestehen. Kaum jemand dürfte jedoch in der Lage sein, dem Wein die feinen Aromen zu entlocken, wenn Chili oder Curry auf der Zunge brennen. Zu solchen Gerichten passt ein Glas Wasser oder ein Bier deutlich besser.

WELCHER WEIN SOLL'S DENN NUN SEIN?

Die Frage ob trockene, halbtrockene oder liebliche Weine einem besser munden, ist grundsätzlich eine Frage des persönlichen Geschmacks. Dennoch verhält es sich so, dass trocken ausgebaute Tropfen als Begleiter wesentlich harmonischer mit dem Fisch umgehen, als halbtrockene oder gar edelsüße Rebsäfte. Eine gewisse Säure harmoniert durchaus gut mit den meisten Fischgerichten. Man denke an die Zitrone zum Bratfisch. Als Begleiter zu Fischgerichten sollten Sie somit eher zur trocken ausgebauten Variante greifen. „Trocken" ist übrigens nicht gleichbedeutend mit „sauer" oder gar „bissig". Experimentieren ist natürlich dennoch erlaubt! So kann im Einzelfall auch durchaus ein Halbtrockener der richtige Begleiter für ein würziges Fischgericht sein.

Unterschiedliche Rebsorten gibt es wie Sand am Meer. Um das Ganze dann noch komplizierter zu machen, werden international auch noch verschiedene Weine miteinander kombiniert zu sogenannten Cuvées, oder die verwendeten Rebsorten werden zum Teil gar nicht genannt sondern die Weine werden unter der Regions- bzw. Ortsbezeichnung vertrieben, z.B. Soave (Italien), Bordeaux (Frankreich) und viele andere.

Auch Modeerscheinungen und regionale Unterschiede in Terroir (Boden, Lage) und Ausbau, spielen für Geschmack und Qualität eine nicht unwichtige Rolle. Die gute Nach-richt: Weine aus dem deutschsprachigen Raum gelten als hervorragende Begleiter von Fischgerichten und sind dazu meistens auch rebsortenrein.

Insofern müssen, können und wollen wir hier nicht die gesamte Weinwelt bereisen, sondern beschränken uns mit wenigen Ausnahmen an dieser Stelle auf bei uns bekannte bzw. verwendete Weine bzw. Rebsorten. Diese sind zudem nahezu überall erhältlich, in der Regel bezahlbar und harmonieren sehr gut mit Fischgerichten aller Art.

Die in der Übersicht auf der folgenden Doppelseite empfohlenen Kombinationen bieten einige Anhaltspunkte für die passende Weinwahl. Allerdings werden Weine grundsätzlich in verschiedenen Qualitätsstufen angeboten, so dass Geschmack und Charakter der einzelnen Weine stark variieren können.

Als Grundregel gilt: Je höher die Qualität des Weines, desto würziger, kräftiger und komplexer darf auch das Gericht sein, zu dem der Wein serviert wird.

KLEINER REBSORTENGUIDE

Weißwein	weitere Namen	Beschreibung	Passt zu...
Riesling		Klassischer und sehr beliebter, oft fruchtiger Wein. Vergleichsweise hoher Säuregehalt. Anbau vor allem in D und F (Elsass). Wird in allen Qualitätsstufen angeboten vom einfachen Tafelwein bis zur Auslese.	... je nach Ausbau zu leichten Fischgerichten. In höheren Qualitätsstufen auch für etwas kräftigere Fischgerichte (z.B. Bratfisch, Lachssteak) geeignet.
Müller-Thurgau	Rivaner	Beliebter, unkomplizierter Massenwein. Nahezu universell einsetzbar. Milde Säure. Fruchtig.	... klassischen Fischgerichten, die nicht zu kräftig oder exotisch gewürzt sind.
Weißburgunder	Pinot Blanc, Pinot Bianco	Oftmals sehr leichte, unkomplizierte Weine ("Sommerwein").	... mild gewürzten, hellen Fischgerichten.
Grauburgunder	Pinot Gris, Pinot Grigio, Ruländer	Säurearme, körperreiche Weine.	... allen milden bis leicht würzigen Fischgerichten.
Sauvignon Blanc	Blanc Fumé, Sauvignon Bianco	Oft mineralische, säurebetonte Weine mit pikanten Fruchtnoten. Wird in der Regel sehr trocken ausgebaut. Gehaltvoll aber dennoch zurückhaltend. In D kaum angebaut.	... vielen milden bis würzigen Fischgerichten. Auch gut für ölige Fischarten geeignet (Makrele, Lachs, Sardine, Thunfisch).
Chardonnay		Aus dieser Traube wird u.a. der berühmte Chablis (F) gekeltert. z.T. körperreiche, sehr ausdrucksstarke, säurebetonte Weine von zum Teil hervorragender Qualität. In D nur vereinzelt angebaut.	... aromatischen Fischgerichten. Auch für sahnige Gerichte empfehlenswert.
Silvaner	Sylvaner	Alte Rebsorte, die klar die Bodenbeschaffenheit und Lage ("Terroir") im Geschmack wiedergibt. Daher regional unterschiedlich. Eher einfache Weine, in z.B. Franken aber auch feine, elegante Weine möglich. Vergleichsweise wenig Fruchtspiel.	... einfachen, nicht zu komplex bereiteten Fischgerichten.

Weißwein	weitere Namen	Beschreibung	Passt zu…
Gewürztraminer	Roter Traminer	Säurearme, intensive, sehr aromatische Weine. Äußerst anspruchsvoll bezüglich Lage und Boden. Hauptsächlich im Elsass vertreten.	… aromatischen Gerichten. Exzellenter Begleiter zu nicht zu scharfen, asiatischen Gerichten.
Roséwein			
Portugieser	Blauer Portugieser	Einfacher, süffiger Rosé (Weißherbst)	… leichten bis würzigen Fischgerichten.
Sonstige Rosés		Üblicherweise wird Rosé aus Rotweinreben hergestellt, die dann jedoch wie Weißwein ausgebaut werden.	… würzigen Fischgerichten. Auch zu Räucherfisch empfehlenswert.
Rotwein			
Spätburgunder	Pinot Noir, Pinot Nero	Oft gerbstoffarm und mit einer feinen Säure versehen. Wichtigste Traubensorte im Burgund.	… kräftigen, würzigen Fischgerichten. Sehr gut zu gegrilltem und geräuchertem Fisch.
Dornfelder		Harmonisch-fruchtige, z.T. auch gehaltvolle Rotweine.	… würzigen Fischgerichte z.B. vom Grill.
Schaumwein			
Sekt & Champagner		Große Qualitätsunterschiede. Eignet sich sehr gut als Aperitif und als Begleiter zur Vorspeise.	… Vorspeisen, Meeresfrüchten.

DAS RICHTIGE GLAS

Eine Brotzeit am Fluss. Ein einfacher, leichter Tropfen, der nicht im Papp- oder Plastikbecher serviert wird, sondern in einem einfachen, kleinen Wasserglas – so wird man Wein und Anlass durchaus gerecht. An der festlich gedeckten Tafel, an der am Abend Gäste zum aufwendigen (Fisch)Menü erwartet werden, sollten dann grundsätzlich auch die passenden Gläser eingedeckt werden. Die Form und Größe ist tatsächlich sehr entscheidend für den Weingenuss.

Einige Weine, z.B. viele gute Rotweine, benötigen eine große Oberfläche, damit der Wein im Glas „atmen" und seine ganze Palette der komplexen Aromen entfalten kann. Einfache Weine und vor allem Weißweine sind mit einer geringeren Aromenfülle ausgestattet und somit eher in kleineren, etwas weniger opulenten Gläsern gut aufgehoben. Sehr entscheidend ist zudem, wie der Wein auf die verschiedenen Geschmackszonen im Mund trifft. All das kann durch die Glasform entscheidend beeinflusst werden. Es gibt heute nahezu für jeden Wein ein optimal abgestimmtes Glas. Dennoch werden nur die wenigsten von uns eine große Auswahl verschiedener Weinkelche im Schrank vorweisen können.

Als Grundausstattung genügen zunächst ein klassisches Glas, das sich für Weißwein, Rosé und leichte Rote eignet, eventuell noch ein Glas für kräftige Rotweine mit größerem Volumen. Hierzu passend noch ein Sekt- sowie ein Wasserglas und das Ensemble ist perfekt. Wer nicht Unsummen für hochwertige Markengläser ausgeben möchte, kann durchaus auf sehr günstige Glasserien großer Einrichtungshäuser zurückgreifen. Für den Geschmack sind die Unterschiede zu Markengläsern nämlich nur gering, viel entscheidender sind Form und Größe.

Die Gläser nach dem Spülen unbedingt mit klarem Wasser nachspülen oder besser gleich ganz auf Spülmittel verzichten. Zudem gehören Weingläser niemals in die Spülmaschine!

Sekt, Weißwein, Rotwein: Mit diesen drei Gläsern als Grundausstattung macht man nichts verkehrt. ►

GLOSSAR - KÜCHENBEGRIFFE, KURZ ERKLÄRT

à la minute: Französisch für „auf die Minute genau". In der Gastronomie bezeichnet es die minutengenaue Zubereitung eines Gerichtes oder einer Komponente.

à point: Französisch für „auf den Punkt". In der Küche wird der Begriff für die perfekte Garstufe (auf den Punkt gegart) verwendet.

Ablöschen: Nach dem Anbraten/Braten von Fisch, Fleisch oder Gemüse wird durch Zugabe einer kalten Flüssigkeit (Wasser, Wein, Sherry, Brühe...) der Bratvorgang gestoppt. Dadurch lösen sich die Röststoffe vom Pfannenboden und geben dem Gericht mehr Geschmack.

Abschäumen: Beim Aufkochen von Flüssigkeiten wie zum Beispiel Fonds, Suppen, Soßen bildet sich an der Oberfläche geronnenes Eiweiß und Trübstoffe. Das Entfernen mit dem Schaumlöffel oder einer Kelle nennt sich Abschäumen. Die Flüssigkeiten bleiben klarer durch diesen Vorgang.

Abschrecken: Heiße Speisen, zum Beispiel gekochte Eier, Teigwaren, Reis oder Gemüse werden mit kaltem Wasser überspült oder darin eingetaucht. Dabei wird die Temperatur rasch gesenkt, wodurch der Garprozess unterbrochen wird und die frische Farbe von Gemüse erhalten bleibt.

Abstechen: Hierbei werden von einer fertigen, festen Masse mit Hilfe eines Löffels Nocken oder Klöße entnommen, die anschließend in siedenden Wasser gegart werden.

al dente: Italienisch für bissfest. Besonders gewünscht bei Teigwaren und Gemüse.

Anschwitzen: Dabei werden Lebensmittel (Gemüse, Zwiebeln, Knoblauch) ohne Farbgebung mit wenig Fett langsam in ihrem austretenden Saft „gargeschwitzt".

Aufmixen: Dabei werden Soßen, Suppen und Dips so fein püriert, dass eine Emulsion und eine feine Konsistenz entstehen. Zusätzlich wird das Einrühren von kalter Butter in eine Soße oder Suppe als Aufmixen bezeichnet, was zu einer leichten Bindung führt.

Blanchieren: Dabei werden rohe Zutaten, wie Fleisch, Pilze oder Gemüse für kurze Zeit in kochendes Salzwasser getaucht. Dadurch sollen der Farbton intensiviert werden, unangenehme Geschmacksstoffe und/oder die Zutat für weitere Arbeitsschritte vorbereitet werden.

Blaukochen: Bezieht sich auf frische Süßwasserfische (zum Beispiel Forelle, Hecht, Karpfen, Saibling, Schleie). Die Fische werden ungeschuppt in einem Sud aus Wasser und Essig gegart, wobei darauf zu achten ist, dass ihre Schleimschicht unverletzt bleibt. Die Farbe der Haut verfärbt sich dabei bläulich.

Durchseihen: Beim Durchseihen wird fertiges Gargut entweder in ein Sieb gegeben, um die flüssigen Bestandteile ablaufen zu lassen. Sind festere Bestandteile enthalten, die zur Bindung dienen (Zwiebeln, Gemüse), können diese zusätzlich mit einem Teigschaber durch das Sieb gestrichen werden.

Farce: Masse aus sehr fein gewolften (oder in der Küchenmaschine zerkleinerten) Fisch oder Fleisch, die durch Zugabe von Sahne und Gewürzen verfeinert wird und als Grundlage für Klößchen oder als Füllmasse dient.

Glacieren: Das Glacieren (Überglänzen) hat mehrere Bedeutungen: Zum einen erhalten Fleisch und Geflügel einen Glanz, wenn sie während des Bratvorgangs mit dem eigenen Fonds übergossen werden. Zum anderen bezieht es sich auf das Überziehen von zuckerhaltigem Gemüse mit dem eingekochten Dünst- Fonds. Glasieren: Beim Glasieren werden Torten, Gebäck und Kuchen mit Zuckerguss oder Schokolade überzogen. Dies sorgt für besseren Geschmack und Aussehen.

Gratinieren: Die Oberfläche von Speisen, die mit Butter, Ei, Sahne oder Käse bedeckt sind, erhält eine braune Färbung, wenn sie bei Oberhitze im Backofen oder unter dem Grill überbacken werden.

Marinieren: Fleisch, Fisch, Gemüse oder Obst wird meist für mehrere Stunden/Tage in einer würzigen Mischung eingelegt oder damit eingerieben, um den Geschmack der Marinade anzunehmen. Durch die Marinade wird die Haltbarkeit erhöht, oft dient es auch dem Mürbe machen von Fleisch.

Nappieren: Überziehen mit Soße, Fonds, Crème oder Ähnlichem. Reduzieren: Einkochen von Flüssigkeiten wie Fonds oder Soßen, um deren Geschmack zu verstärken.

Sautieren: Verfahren zum kurzen Garen, das sich besonders für zartes und klein geschnittenes Fleisch und für Fisch eignet. Das Gargut wird in einer Bratpfanne ohne Deckel bei hoher Temperatur und unter häufigem Schwenken in wenig Öl von allen Seiten angebraten. Der Begriff wird auch verwendet für das Schwenken von Gemüse mit Sahne, Butter oder Soße, um alle Zutaten miteinander zu vermischen.

Spiegel gießen: Soße wird auf einen Teller gegeben. Durch Kippen und/oder Klopfen auf der Unterseite des Tellers wird die Soße verteilt und bildet einen Spiegel, auf dem die Speisen angerichtet werden können.

Tournieren: Aus dem Französischen Wort „ Tourner" drehen, kreisen, formgeben. Es bezeichnet in der Küche das Zurechtschneiden von Gemüse in einheitlicher Größe und Form zu dekorativen Zwecken.

Tranchieren: Entspricht einer fachgerechten Portionierung von gegarten Fleisch oder Fisch. Unterheben: Zutaten einer homogenen Masse zugeben und mit ihr verbinden, ohne allzu kräftig zu rühren. Untergehoben werden insbesondere geschlagenes Eiweiß und Sahne. Zu starkes Rühren oder Schlagen würde dazu führen, dass Sahne oder Eischnee in sich zusammenfallen und der Speise kein Volumen mehr geben können.

Zesten: Dünn geschnittene Streifen von Zitrusfrüchten. Zu Dekorationszwecken werden die Stücke mit einem speziellen Werkzeug (Zestenreißer) von der Frucht abgezogen.

INTERVIEW MIT DR. HORST KARL

Dr. Horst Karl vom Max Rubner-Institut in Hamburg

Lagerung, Verderblichkeit, Qualität – Begriffe, die im Zusammenhang mit dem Lebensmittel Fisch häufig in einem Satz genannt werden. Bevor wir Ihnen in diesem Buch gefährliches Halbwissen präsentieren, haben wir jemanden befragt, der sich mit diesen Themen berufsbedingt auseinandergesetzt hat wie kaum ein anderer: der Wissenschaftler Dr. Horst Karl, im Hamburger Max Rubner- Institut (MRI) zuständig für Sicherheit und Qualität bei Milch und Fisch.

Florian: Herr Dr. Karl, was jeden Verwertungsangler interessiert, ist die Beibehaltung der Qualität seines Lebensmittels Fisch. Wie sollten Angler ihre Beute unmittelbar nach dem Fang versorgen, damit bestmögliche Fleischqualität gesichert ist?

Dr. Karl: Was immer gilt: Fisch muss kühl gelagert werden. Wenn man noch für längere Zeit am Wasser ist und das auch sauber ist, kann man den Fisch gleich vor Ort ausnehmen, was ein wesentlicher Teil der Frischhaltung ist. Ist das Wasser und die Umgebung allerdings durch Schlamm oder Ähnliches verschmutzt, besteht die Gefahr, dass der geöffnete Fisch kontaminiert wird. Dann sollten wir ihn lieber „rund", also geschlossen lassen. Grundsätzlich ist das Fischfleisch steril, allerdings nicht die Eingeweide. Erst nach einiger Zeit beginnen Bakterien aus dem Darm aktiv zu werden, was sich nachteilig auf die Fleischqualität auswirkt. Auf den Punkt gebracht: Wenn wir sauber arbeiten können, nehmen wir den Fisch sofort aus. Ist das nicht möglich, lassen wir ihn lieber geschlossen, versorgen ihn dann aber schnellstmöglich, sobald wir Gelegenheit dazu haben.

Florian: Und wie lagere ich am Wasser meinen Fisch, wenn ich noch einige Stunden weiter fischen möchte, aber die Sonne bereits vom Himmel brennt?

Dr. Karl: Das A und O ist immer das Kühlen! Ich meine: Jeder schleppt im Sommer seine Kühltasche mit an den Strand und das kriegt doch ein Angler bestimmt auch hin, oder? Ein paar Kühlelemente dazu und schon kann man den eben gefangenen Fisch ganz prima herunterkühlen. Und ist doch mal keine Kühltasche dabei, kann man den Fisch auch ins Wasser legen, wenn es eine geringere Temperatur als die Umgebung hat. Der Hintergrund ist, dass der Fisch in seinem Magen aktive Verdauungsenzyme hat, die weiterhin aktiv sind, nachdem wir den Fisch getötet haben – je wärmer es ist, desto aktiver. Der wichtigste Indikator dafür ist die Totenstarre. Ist die vorüber, beginnt ganz langsam der Verderb des Fisches. Halten wir das Fleisch gekühlt, sind die ersten zwei Tage nach der Totenstarre noch optimale Tage in Bezug auf die Qualität, danach leiden Geschmack und Aroma. Übrigens: Je mehr ein Fisch gefressen hat, desto mehr Verdauungsenzyme sind aktiv. Bei Heringen ist das besonders auffällig. Die sind zu bestimmten Zeiten extrem fetthaltig, weil sie so viel fressen. Haben Sie so einen Hering morgens gefangen, kann er abends schon das so genannte „Bellybursting" aufweisen. Dabei beginnt das Fleisch unter der Bauchhaut sich aufgrund der hochaktiven Enzyme aufzulösen.

Florian: Einfrieren – ebenfalls ein großes Thema. Welche Tipps können Sie uns mit auf den Weg geben?

Dr. Karl: Wichtig: Die Fische nebeneinander einfrieren. Also nicht in eine große Tüte packen, Knoten drum und in den Gefrierer legen. Wir haben bei Versuchen herausgefunden, dass es in einem normalen Haushaltsgefrierschrank bis zu einer Woche und länger dauern kann, bis bei so einer Tüte mit 1,5 bis 2 Kilo Inhalt im Kern eine Temperatur von –18 Grad erreicht wird. Das ist natürlich viel zu lange. Wie gesagt: Den Fisch nebeneinander legen und die Temperatur des Gefrierschrankes heruntersetzen bis der Fisch komplett gefroren ist. Beim Schockfrosten in der Industrie dauert dieser Vorgang lediglich zwei Stunden. Das schafft natürlich keine Haushaltsruhe, aber je schneller wir den Fisch zum Gefrieren bringen, desto besser. Der Hintergrund ist der, dass sich beim langsamen Einfrieren größere Wasserkristalle bilden, die die feine Zellstruktur der Fische zerstören. Wenn Sie ihn dann wieder auftauen, läuft das Wasser heraus – und der Fisch wird trocken. Und noch ein weiterer Tipp: Nicht zu lange einfrieren! Fettfische wie zum Beispiel Makrele oder Hering nicht länger als sechs Monate, alle anderen Fische bis maximal ein Jahr im Tiefkühler liegen lassen. Neben dem drohenden Frostbrand, der sich nachteilig auf die Qualität auswirkt, sind trotz der niedrigen Temperaturen weiterhin enzymatische Prozesse im Gange, die die Fleischqualität auf Dauer mindern.

Florian: Immer wieder hört man von Schadstoffbelastungen in Fischen. Ganz besonders Aale scheinen betroffen zu sein. Was sind das für Schadstoffe und woher stammen sie?

Dr. Karl: Da habe ich eine gute Nachricht: Die Schadstoffbelastung von Fisch ist im Allgemeinen niedrig. Ich sage aber bewusst: im Allgemeinen! Die Belastung im Muskelfleisch von fettarmen Meeresfischen wie zum

Beispiel Kabeljau, Seelachs, Wittling, Lumb, Leng und so weiter, die ist äußerst niedrig. Die organischen Schadstoffe (Dioxine oder Pestizide) werden aber im Entgiftungsorgan, also in der Leber, gesammelt. Typisches Beispiel ist die Dorschleber – die sollte man tunlichst nicht mehr verzehren. Auf der anderen Seite gibt es noch die geogenen Substanzen (Schwermetalle wie Quecksilber oder Kadmium), die größtenteils natürlichen Ursprungs sind. Aber wir müssen unterscheiden, denn das was ich eben genannt habe, bezieht sich aufs Meer. Im Süßwasser haben wir insbesondere in den großen Industrieflüssen mit vielen Altlasten zu tun. Hier haben wir es mit beiden eben genannten Belastungen zu tun und da gibt es ein paar Fischarten, die besonders betroffen sind – unter anderem der Aal. Ich sage aber noch mal: Im Allgemeinen sind unsere Fische in den Meeren und im Süßwasser nur sehr gering belastet!

Florian: Das hört sich aber wirklich positiv an, Herr Dr. Karl!

Dr. Karl: Ja, das ist es auch! Es gibt ein paar Ausnahmen. Zum Beispiel die Fische der östlichen Ostsee. Im Bereich des Botnischen Meerbusens gab es vor rund 30 Jahren eine relativ große Papierindustrie, die sehr viel mit Chlorbleiche gearbeitet haben, um das Papier schön weiß zu machen. Daraus resultierend haben wir dort heute Probleme zum Beispiel mit Heringen und Wildlachsen, die mit Dioxinen und dioxinähnlichen Verbindungen belastet sein können, weil die Ostsee kaum Wasseraustausch hat.

Florian: Zurück zu unseren heimischen Flüssen. Wie sieht es da aus?

Dr. Karl: Wie ich eben schon sagte, können Aale, aber auch andere Fische die genannten Schadstoffe ansammeln und die Grenzwerte überschreiten. Das ist aber regional sehr unterschiedlich. Meines Wissens geben die entsprechenden Landesuntersuchungsämter Broschüren und Informationsmaterial an Angler und Angelvereine aus. Da sollte man sich für seine Region vorab informieren, welche Fische unbedenklich sind und welche nur dosiert verzehrt werden sollten. Dazu eine gute Nachricht: Bei den Belastungen handelt es sich ausschließlich um Altlasten. Da wir heutzutage so gute Umweltgesetze haben, kommt da eigentlich keine Neubelastung mehr hinzu. Ein Tipp: Auf der Webseite des Bundesamtes für Risikobewertung www.bfr.bund.de gibt es Stellungnahmen zu den Belastungen unserer Flussfische mit Dioxinen und PCB, die man nachlesen kann. Geben Sie mal die Begriffe „BFR" und „Belastung Flussfische" bei Ihrer Suchmaschine ein, dann gelangen Sie sofort dorthin.

Florian: Und welche Auswirkungen haben diese Belastungen auf unseren Verzehr von Fisch?

Dr. Karl: Wenn Sie von Fisch aus dem offiziellen Handel ausgehen, sind Sie auf der sicheren Seite. Die gesetzlichen Grenzwerte sind so angesetzt, dass Sie ein Leben lang Fisch essen können, ohne gesundheitliche Folgen fürchten zu müssen. Leider muss man sagen, dass Angler diesbezüglich im Nachteil sind, weil deren Fang ja eben keiner Kontrolle unterliegt. Hier greift wieder meine Empfehlung von eben, sich eigenverantwortlich zu informieren.

Florian: In diesem Zusammenhang noch eine Frage zu Nematoden, deren Existenz in den Neunziger Jahren zu einer wahren Hysterie in der gesamten Fischbranche geführt hat. Was sind das für Tiere, woher stammen sie und wie schädlich sind sie für Mensch und Fisch?

Dr. Karl: Ich bin Chemiker, kein Biologe, aber die Nematoden sind meiner Meinung nach älter als die Menschheit. Sie sind natürlicher Bestandteil des Ökosystems. Nematoden durchlaufen mehrere Larvenstadien und der Endwirt sind die großen Meeressäuger – deshalb kommen sie in Süßwasserfischen eigentlich auch nicht vor. Nematoden werden mit der Nahrung aufgenommen und sitzen primär in den Eingeweiden der Fische, sie können aber auch in der umgebenden Muskulatur – zum Beispiel in den Bauchlappen – vorhanden sein. Wenn man sich also vor den Nematoden ekelt, sollte man die Fische nach dem Fang rasch ausnehmen und vorsorglich die Bauchlappen wegschneiden. Aber selbst wenn mal eine Larve im Fleisch verbleibt, ist der Verzehr bei gegartem Fisch absolut ungefährlich. Wer gerne Sushi isst, sollte den Fisch einmal durchfrosten, um die Nematoden ab-

zutöten und wer räuchert, hält eine Kerntemperatur von mindestens 60 Grad im Fisch – nicht nur im Ofen – ein.

Florian: Also können wir unterm Strich sagen: Ist der Fisch vollständig gegart oder wurde er einmal durchgefrostet, können uns die Nematoden im Falle des Verzehrs gar nichts anhaben!?

Dr. Karl: Nein, es besteht keinerlei Gefährdung bei abgetöteten Nematoden.

Florian: Das ist doch eine prima Aussage, die sicherlich auch dem letzten Angler die Angst vor Nematoden nimmt. Vielen Dank, dass Sie sich die Zeit für dieses Interview genommen haben, das uns einen sehr positiven Blick auf Zustand und Gesundheit unserer Fischbestände erlaubt.

INTERVIEW MIT TORSTEN STEGMANN

Torsten Stegmann
Fischfachberater

Interview Torsten Stegmann – Jahrgang 1967 – darf guten Gewissens als Fischexperte bezeichnet werden. Als Vollblut-Angler und gelernter Koch mit über 20 Jahren Berufserfahrung ist er heute für die Firma ReWe als Fischfachmann tätig und reist quer durch Norddeutschland, um sein Fachwissen an Händler weiterzugeben. Wenn jemand etwas über Fischzubereitung weiß, dann ist es Herr Stegmann. Klar, dass Florian einige Fragen an ihn hat.

Florian: Herr Stegmann, jeder Fischkoch kennt die Drei-S-Formel für die Zubereitung von Fisch: säubern, säuern, salzen. Was hat es damit auf sich?

Stegmann: Ein Relikt aus Großmutters Zeiten, das immer noch hartnäckig von Köchen und Fischhändlern an den Verbraucher kommuniziert wird. Tatsache ist: frischer Fisch benötigt keine Säure. Das Säuern von Fisch wurde früher empfohlen, weil es noch keine entsprechende Kühlkettenlogistik gab und es wurde versucht, durch Zugabe von Säure mangelnde Frische „aufzupeppen" oder unangenehme Gerüche zu unterdrücken. Säure und auch Salz haben einen negativen Einfluss auf das empfindliche Gewebe des Fischfleisches und verändern den feinen Eigengeschmack der jeweiligen Art. Ein Fischliebhaber würzt seinen Fisch nach „Gusto", also erst während oder nach dem Garen. Aus der 3-S-Regel können wir getrost eine 1-S-Regel machen, denn das Säubern unseres Fangs ist unumgänglich!

Florian: Der Clou in der Küche: das Würzen. Welche Tipps können Sie uns für die nächste Fischzubereitung mit auf den Weg geben?

Stegmann: Guter Übergang von der 3-S-Regel, denn bei Fisch gilt: Weniger ist mehr! Zu schnell wird der arttypische Geschmack des Fisches mit viel zu kräftigen Gewürzen erschlagen. Deshalb mein Tipp: Bereiten Sie Ihren Fisch das nächste Mal so natürlich wie möglich zu und tasten sich unter der Verwendung von Meersalz, frischen Kräutern und milden Gewürzen an Ihren Lieblingsgeschmack heran. Alternativ zur Zitrone ist die Limette zu nennen, deren milder Säuregrad gut mit Fisch harmoniert.

Florian: Wichtigstes Kriterium für echten Gaumenschmaus in der Küche ist Frische. Was halten Sie von tiefgekühltem Fisch und welches ist die beste Methode zum Einfrieren?

Stegmann: Frischfisch ist natürlich nicht mit Tiefkühlfisch vergleichbar. Zu groß sind die unterschiedlichen Qualitätsparameter. Außerdem gibt es bei Tiefkühlfisch erhebliche Qualitätsschwankungen, da zwar nicht der Frischegrad aber die Qualität durch den Einfrierprozess enorm leidet. Insbesondere bei fettarmen Fischsorten (Achtung Norwegenangler!) wie Kabeljau, Seelachs, Köhler, Pollack oder Schellfisch ist das Einfrieren nur bedingt zu empfehlen. Durch die Bildung von Eiskristallen wird das Gewebe zerstört und hohe Auftauverluste gefördert. Fettreiche Kaltwasserfische wie Hering, Makrele oder Lachs vertragen das Frosten besser. Ich empfehle die Verwendung von Frischhaltefolie. Wickeln Sie die Fische oder Filets mehrmals stramm ohne Lufteinschluss in Folie ein. Dadurch halten sich der Austritt von Gewebswasser und die Bildung von Eiskristallen in Grenzen.

Florian: Wie lange darf der Fisch maximal eingefroren bleiben?

Stegmann: Bei einer Mindesttemperatur von minus 18 Grad empfehle ich bei fettarmen Fischen eine Lagerung von maximal acht bis zwölf und bei fettreichen von vier bis sechs Monaten. Mein Tipp: Lagern Sie Ihren Fisch doch in seiner natürlichen Umgebung (Fluss, See, Meer) und entnehmen Sie den Gewässern nur so viel Fisch, wie Sie sinnvoll verwerten können.

Florian: Wie halten Sie sich mit Ihrem Fachwissen auf dem Laufenden?

Stegmann: Berufsbedingt setze ich mich täglich mit dem Thema Fisch auseinander und da ich seit 40 Jahren passionierter Angler bin, habe ich rund um die Uhr mit unseren Flossenfreunden zu tun. Außerdem werde ich von meinem Arbeitgeber mit Intensivseminaren und Studienreisen immer up to date gebracht.

Florian: Haben Sie einen echten Geheimtipp für die Fischküche, den man auch ohne Koch-Diplom einfach und unkompliziert nachkochen kann?

Stegmann: Klar! Ich habe einen tollen Rezept-Tipp zur jährlichen Matjessaison. Ungewöhnlich, aber kinderleicht: Gebratener Matjes. Man nehme ein Matjesdoppelfilet (nicht die in Öl! Das sind Heringe nach Matjesart) und entfernt das Schwanzsegment. Nun werden die Einzelfilets in Mehl gewendet und bei wenig Hitze etwa eine Minute von jeder Seite gebraten. Dazu einen leckeren Dip aus Creme fraiche, Schnittlauch und wenig Salz und eine Schüssel Feldsalat mit Balsamico-Dressing. Mhhmmmm!

DANKESCHÖN!

Dass ein E-Mail-Postfach etwas mit einem Kochbuch zu tun haben könnte, wäre uns beiden Autoren vermutlich nicht einmal in Momenten größter Albernheit eingefallen. Jetzt, wo unser Buch fertig ist, fragen wir uns, wie wir das Werk bloß ohne den modernen Mailverkehr hätten realisieren können? Weit über 1000 E-Mails waren nötig, um den Inhalt der 176 Seiten dieses Buches zusammenzuführen. Immer wieder schickten wir uns unsere Texte gegenseitig zur Korrektur zu, tauschten Hinweise und Kritikpunkte aus und sendeten uns die geänderten Versionen zur Begutachtung zu. Das sollte natürlich alles auch den Verlagsleiter Michael Zeman erreichen, der uns allerdings große Freiräume ließ und wir uns dadurch inhaltlich entfalten konnten. Dafür möchten wir ihm danken. Von einem Zwei-Mann-Werk sind wir jedoch weit entfernt. Da, wo es uns nötig erschien, befragten wir echte Fachleute zu ihrem Spezialgebiet. Hier das gleiche Spiel: Viele, sehr viele E-Mails landeten in unseren Postfächern, um die Spezis für das Buch zu begeistern und das Procedere abzustimmen. Vielen Dank, lieber Lars Berding (Kapitel „Wein & Fisch"), lieber Matthias Hoff (www.fischgewuerze-versand.de), dass ihr euren Beitrag zu diesem Kochbuch geleistet habt. Als ebenso wertvoll empfinden wir die Mitarbeit unserer beiden Interviewpartner und Fischfachleute Torsten Stegmann und Dr. Horst Karl, die mit ihrem riesigen Hintergrundwissen für viel Aufklärung sorgen. Danke dafür! Namentlich bisher gar nicht in Erscheinung getreten ist Deutschlands Fischexpertin Nr. 1 Melanie Becker (www.fisch-web.de). Die sympathische Schleswig-Holsteinerin leitet seit über 10 Jahren ihre eigene Fisch-Schule, in der sie als Seminarleiterin ihr Fachwissen an Angestellte des Fischhandels weitergibt. Kurz: Melanie Becker berät diejenigen, bei denen Sie Ihren Fisch kaufen, wenn mal wieder nichts gebissen hat. Frau Becker stellte uns umfangreiche Schulungsunterlagen zur Verfügung. Damit war sichergestellt, dass wir Ihnen hier keinen Mumpitz, sondern fundierte Fakten präsentieren können. Vielen lieben Dank, Melanie Becker! Und weil ein Kochbuch immer auch von seinen Bildern lebt, glühte auch hier die Tastatur, um im Bekanntenkreis per E-Mail nach geeignetem Bildmaterial zu fahnden. Einen großen Teil der Fotos produzierten wir selbst, dennoch erschien uns vieles von außerhalb notwendig. Am Ende war es dem Platzmangel geschuldet, dass selbst ausgesprochen gutes Fotomaterial teilweise keinen Eingang ins Buch finden konnten. Deshalb möchten wir uns für die große Mühe bedanken, die sich Marc Bade (www.silver-catch.de), Marlo Bardehle (www.marloflyfishing.de), Christopher Heiland (www.der-heilaender.de), Florian Meyer (www.bodden-angeln.de) und Dieter Meyrl (www.photostat.de) gemacht haben. Unser Dank geht auch an das Team der Fachzeitschrift Rute & Rolle. Im Hintergrund agierten einige „Tester", denen wir ebenfalls sehr dankbar für ihre Arbeit sind. Und wenn Sie jetzt denken, die Glücklichen durften sich an unseren Gerichten satt und rund futtern, dann trifft das leider nur in den wenigsten Fällen zu. Als Testleser (nicht -esser) standen uns nicht nur Lars Berding, Arnulf Ehrchen und Marko Freese zur Seite, ganz besonders natürlich auch unsere Ehefrauen Andrea Jobski und Susanne Läufer. Mit den beiden Damen mussten wir zwar nicht per E-Mail kommunizieren, dennoch verzichteten beide auf viele, viele Stunden gemeinsame Freizeit und waren uns wertvolle Meinungsgeber. Danke, Mädels! Danke, alle!

DIE AUTOREN

Florian Läufer (Jhg. 1970) absolvierte im Alter von 15 Jahren ein Schulpraktikum in der gehobenen Küche eines großen Hamburger Hotels. Einige Wochen später war der Lehrvertrag unterschrieben – und das Gymnasium zugunsten des Traumberufes abgebrochen. Nach der Lehre zog es ihn beruflich zunächst in die Schweiz. Nach insgesamt elf Jahren in verschiedenen Restaurants und Hotels traf Florian eine wichtige Entscheidung: Er gründete eine Familie und kehrte der Gastronomie den Rücken. Heute verdient der Hamburger als Fotograf und Autor vorwiegend im Angelbereich seine Brötchen. Gekocht wird selbstverständlich immer noch und mit großer Leidenschaft, jedoch inzwischen ausschließlich für Familie und Freunde. Florian legt dabei Wert auf eine „ehrliche" Küche, die sich durch frische Zutaten und „à la minute"-Kochen auszeichnet. „Früher habe ich meine Kreativität auf Tellern und Silberplatten ausgelebt und diese als Leinwand für meine Gerichte genutzt. Heute mag ich die Spielerei auf dem Anrichtegeschirr nicht mehr so gerne und bevorzuge eher die bodenständige Küche mit regionalen Lebensmitteln. Meine kreative Ader findet inzwischen eher Eingang in die Fotografie." Auch anglerisch liebt Florian die Abwechslung, passt in Zeiten der Spezialisierung in keine Schublade. Und so sind dem passionierten Angler von B wie Barsch bis Z wie Zander alle Fische recht. Nur Aale mag er aufgrund der bedrohten Bestände nicht mehr befischen.

Claus-Peter Jobski (Jhg. 1966) liebt das Meerforellen- und das Zweihandfischen auf Lachs. Wenn man den gebürtigen Hann-Mündener allerdings fragt, ob das Kochen oder Fischen an erster Stelle steht, kommt er in Erklärungsnot. „Beides!" Das trifft es wohl am besten. Das ausgeprägte Talent zum Kochen vererbte ihm nach eigenen Aussagen die Oma. In den vergangenen 30 Jahren(!) hat Claus fortwährend seine Kochkünste auf hohem Niveau verfeinert. Alfons Schubek, Johann Lafer, Jamie Oliver und natürlich Tim Mälzer sind seine größten Vorbilder. Regelmäßig arbeitet Claus als Gast- oder Show-Koch in verschiedenen Restaurants und hat schon bis zu 150 Gäste an einem Abend bekocht. Seine liebsten Gäste sind aber seine Frau Andrea und alle Freunde, die er mit großer Freude zu sich nach Hause einlädt und mit tollen Kreationen verwöhnt. Schon oft wurde ihm nahe gelegt, doch mal ein Kochbuch zu schreiben. Voilá, hier ist es! Trotz aller Liebe zum Kochen hat Claus allerdings nicht vor, sein Hobby zum Beruf zu machen. „Kochen ist einer der schönsten, aber auch einer der härtesten Jobs. Das tolle Feedback von zufriedenen Gästen entschädigt für einiges, aber tagtäglich ist die Tätigkeit in der Küche schon ein hartes Brot." Danach schränkt er das eben Gesagte gleich wieder ein: „Ach, ein eigenes kleines Restaurant wäre aber schon 'ne feine Sache...!"

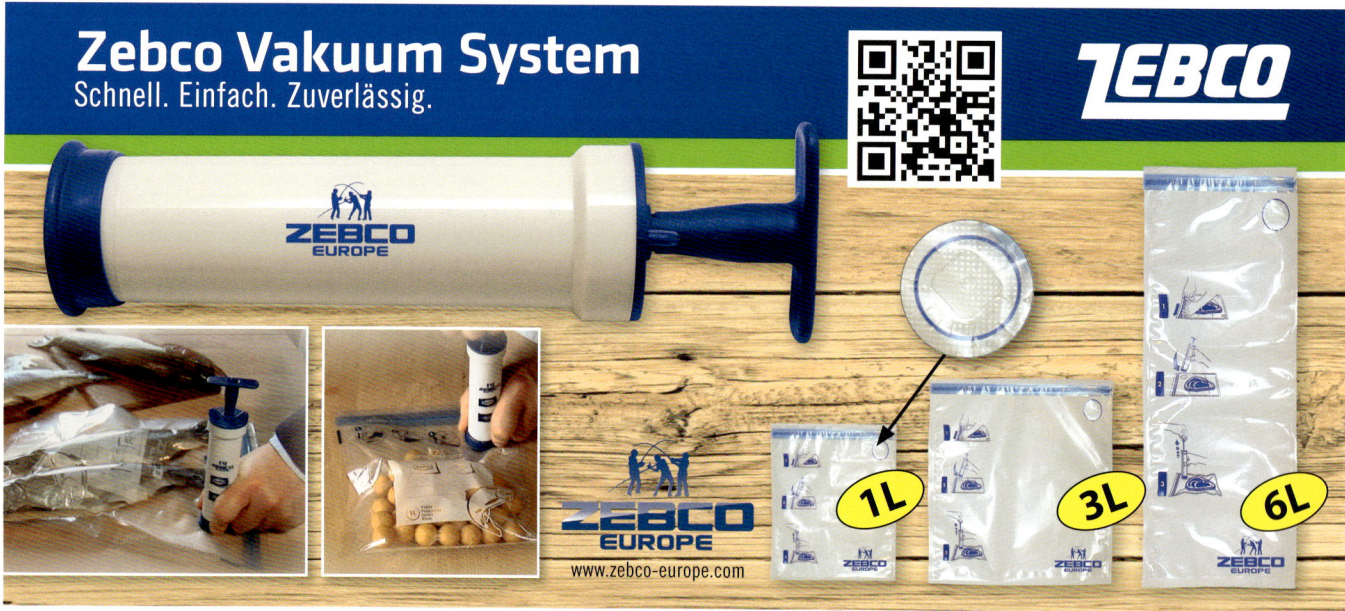

Zebco Vakuum System
Schnell. Einfach. Zuverlässig.

ZEBCO

ZEBCO EUROPE

ZEBCO EUROPE

www.zebco-europe.com

1L

3L

6L

KÜSTEN- / BRANDUNGSANGELN AUF MEERFORELLE, DORSCH, PLATTFISCH & CO

14 Angelführer – über 850 Angelplätze – mit exzellenten Luftbildern

Angelführer FEHMARN
35 Angelplätze
ISBN 978-3-942366-15-1
Broschiert - 160 S. - VK € 18,95

Angelführer KIEL /
ECKERNFÖRDE
52 Angelplätze
ISBN 978-3-942366-14-4
Broschiert, 160 S., € 18,95

Angelführer LOLLAND /
FALSTER / MÖN
85 Angelplätze
ISBN 978-3-942366-10-6
Broschiert - 160 S. - VK € 18,95

Angelführer SÜD-SCHWEDEN I
60 Angelplätze
ISBN 978-3-942366-07-6
Broschiert - 160 S. - VK € 18,95

PRESSESTIMMEN

ANGELWOCHE: „(...) die besten Angelführer, die man in Buchform kaufen kann."

RUTE & ROLLE: „(...) exzellente Luftbilder, Insiderinfos, viele neue Stellen."

FISCH & FANG: „(...) die neuen Standardwerke – Sehr zu empfehlen."

DIE NEUE GENERATION ANGELFÜHRER

❖ exzellente Luftbildaufnahmen

❖ viele neue Stellen & Reviere

❖ Insiderinfos durch lokale Revierexperten

❖ schnelle Orientierung (GPS-Punkte / Straßenkarte)

Mit uns die besten Plätze finden!

Schweden Dänemark Deutschland

NORTH GUIDING.com
fishing guides

NEU!

Inklusive Hollands bester Raubfisch-Reviere

Bertus Rozemeijer

Raubfisch
Angeln auf Holländisch

Raubfisch

Florian Läufer

Rapfen
Jäger der Flüsse

Modernes Raubfischangeln: Hardbait, Gummi & Fliege

Zielfisch

Robert Staigis

Wolfs barsch
Erfolgreiche Angeltechniken und Plätze
Vom Mythos zum Hype

Zielfisch

Raubfisch-Angeln auf Holländisch
Bertus Rozemeijer
ISBN 978-3-942366-29-8
Hardcover, 176 S., € 19,95

Rapfen – Jäger der Flüsse
Florian Läufer
ISBN 978-3-942366-27-4
Hardcover, 224 S., € 24,95

Wolfsbarsch – Erfolgreiche Angeltechniken
und Plätze
Robert Staigis
ISBN 978-3-942366-22-9
Hardcover, 200 S., € 24,95

Frerk Petersen

Trolling
... auf Lachs, Meerforelle und Dorsch
Abenteuer – Expertenwissen – Tipps & Tricks

Bootsangeln

Nur 14,95 €

NORTH GUIDING.com
fishing guides

KÜSTEN-STRATEGIE
MEERFORELLEN

Biologie · Verhalten · Strategien
Fliegen- / Spinn- / Spirolinofischen

Trolling – auf Lachs,
Meerforelle und Dorsch
Frerk Petersen
ISBN 978-3-942366-28-1
Hardcover, 160 S., € 29,95

Küsten-Strategie
Michael Zeman / Heiko Döbler
ISBN 978-3-942366-00-7
Hardcover, 200 S., € 14,95